AF455765

Général **PÉDOYA**

ANCIEN COMMANDANT DU 16ᵉ CORPS D'ARMÉE

LA CAVALERIE

DANS LA

GUERRE RUSSO-JAPONAISE

ET DANS L'AVENIR

PARIS

HENRI CHARLES-LAVAUZELLE

Éditeur militaire

10, Rue Danton, Boulevard Saint-Germain, 118

(MÊME MAISON A LIMOGES)

LA CAVALERIE

DANS LA

GUERRE RUSSO-JAPONAISE

ET DANS L'AVENIR

Général **PÉDOYA**

ANCIEN COMMANDANT DU 16e CORPS D'ARMÉE

LA CAVALERIE

DANS LA

GUERRE RUSSO-JAPONAISE

ET DANS L'AVENIR

PARIS

HENRI CHARLES-LAVAUZELLE

Éditeur militaire

10, Rue Danton, Boulevard Saint-Germain, 118

(MÊME MAISON A LIMOGES)

LA CAVALERIE

DANS LA

GUERRE RUSSO-JAPONAISE

ET DANS L'AVENIR

Au moment de la déclaration de la guerre entre la Russie et le Japon, tous ceux qui avaient lu notre histoire militaire se remémoraient les sanglants et constamment renouvelées attaques de la cavalerie russe contre notre armée durant la campagne de 1812 : « Chaque jour on voyait les cosaques à l'horizon, étendus sur une ligne immense, tandis que leurs éclaireurs venaient nous braver jusque dans nos rangs. On se formait, on marchait à cette ligne qui, au moment d'être atteinte, disparaissait ; mais une heure après, lorsque nos chevaux mangeaient, une ligne noire se développait de nouveau et l'attaque recommençait. On renouvelait les mêmes manœuvres qui avaient le même résultat. C'est ainsi que la plus belle et la plus valeureuse cavalerie s'épuisa devant des hommes qu'elle jugeait indignes de sa valeur (1). » Tout soldat qui s'éloignait du camp, tout officier allant en reconnaissance était un homme prisonnier

---

(1) Général Morand.

ou mort ; l'audace des cosaques terrifiait à tel point nos soldats et nos officiers que l'Empereur ne pouvait plus avoir aucun renseignement sur l'ennemi.

Nous étions d'autant plus portés à voir se renouveler, en Mandchourie, ces terribles chevauchées que le dernier règlement concernant la cavalerie russe, après avoir recommandé d'éviter les attaques en ordre serré, insistait sur l'opportunité de harceler le front, les flancs, les derrières de l'ennemi, afin de l'entraîner ainsi à des actions décousues et l'amener au combat individuel ; « cette tactique pouvant d'ailleurs le pousser à commettre des fautes qui permettront à d'autres troupes d'agir efficacement. »

On devait s'attendre encore à voir se produire de continuelles tentatives tendant à couper les communications de l'armée japonaise, à incendier ses magasins, à détruire ses approvisionnements, à faire sauter les ouvrages d'art sur la voie ferrée ; ces opérations paraissaient d'autant plus réalisables que le Japon n'avait pour ainsi dire aucune cavalerie à opposer à la cavalerie innombrable de la Russie.

Le prince Kamin qui a laissé à Saint-Cyr, à Saumur et à Tours le souvenir d'un officier fort intelligent et très énergique, a eu le commandement de toute la cavalerie japonaise durant toute la guerre : il n'a pu parvenir à lui faire rendre quelques services. Le Japonais est un médiocre cavalier ; sa constitution physique l'éloigne de ce genre de sport ; en outre, le Japon, par la nature même de son sol, par le manque de pâturages, ne pouvant être un pays d'élevage, l'emploi de la cavalerie avait été considéré jusqu'alors comme une question militaire de second ordre : on lui donnait d'autant moins d'importance qu'il n'était encore entré dans la pensée d'aucun Nippon le désir d'aller porter la guerre au delà des mers.

Lorsqu'en 1894 éclata la guerre sino-japonaise, l'embarras fut grand ; il fallut 40.000 chevaux ; on ne put les trouver. Dans une province, sur 11.000 chevaux présentés à la réquisition, 2.700 furent rejetés pour défaut de taille, 3.000 comme ayant moins de 5 ans, 300 comme ayant plus de 15 ans, soit 6.000 au total, plus de la moitié ; ceux que l'on fut dans la nécessité de prendre étaient, dans leur ensemble, de qualité fort médiocre.

La guerre achevée, le Mikado nomma une commission qui devait rechercher par quels moyens on pourrait améliorer la race chevaline locale et augmenter ses ressources, afin d'éviter les difficultés qui venaient de se produire. A partir de ce moment, les haras privés furent surveillés : le nombre des haras de l'Etat fut augmenté ; les étalons furent choisis avec plus de discernement, on en fit venir un grand nombre d'Europe ; la production chevaline augmenta rapidement et en 1903 le recensement élevait le nombre d'animaux à 1.500.000 pour tout le pays nippon. Malgré le résultat considérable obtenu, ce n'était pas encore un chiffre suffisant pour faire face aux nécessités d'une guerre contre la Russie ; aussi, dès le début des hostilités, le Japon fit acheter tous les animaux qu'il put trouver en Chine, en Australie et en Amérique ; l'Australie, à elle seule, fournit, en trois mois, 10.000 chevaux.

Il fut possible de former une cavalerie divisionnaire composée de trois escadrons pour chacune des divisions de l'armée du maréchal Oyama et de donner à la première et à la deuxième armée une brigade de cavalerie indépendante.

Durant toute la guerre la cavalerie nippone n'a jamais été au-dessus de 50 escadrons et son effectif global n'a pas dépassé 8.000 hommes qui, dans l'ensemble, étaient de médiocres cavaliers, montés sur de très médiocres chevaux, non rompus, ni les uns ni les autres, au service qu'on leur demandait. C'était bien peu à côté de l'innombrable cavalerie de l'armée russe.

La Russie, au contraire, est un pays extrêmement riche en chevaux. D'après le dernier recensement, on n'en compte pas moins de 23 millions et, sur ce nombre, 14 millions sont reconnus susceptibles de faire un bon service de guerre. Ces animaux présentent des caractères différents, ce qui permet de les répartir en catégories et, suivant les nécessités du service, d'après leur nature et leurs qualités.

Contrairement à ce que nous avons dit des Japonais, les Russes, en raison de leur constitution physique et aussi de leurs habitudes d'enfance, deviennent presque tous de vigoureux cavaliers.

Avec de pareilles ressources, la Russie a pu se donner le luxe de créer 1.344 escadrons ou sotnias, représentant un effectif de 150.000 sabres ; elle a, à elle seule, une cavalerie presque égale à celles de l'Allemagne, de l'Autriche, de la France et de l'Italie réunies (1). Elle avait envoyé, en Extrême-Orient, en outre des cavaleries divisionnaires, la division cosaque d'Oussouri, la division cosaque de Transbaïkalie, la division cosaque de Sibérie, la division cosaque du Don, la division cosaque d'Orembourg, une division indépendante de dragons... le nombre d'escadrons ou sotnias officiellement donné s'élevait au mois de décembre 1904 à 207, et ce chiffre a été tous les jours en augmentant jusqu'à la conclusion de l'armistice, pour arriver à nous donner un total de 45.000 cavaliers.

Cette puissante cavalerie était commandée par des chefs intrépides et valeureux qui se nomment Michtchenko, Rennenkampf, Grekow, Samsonoff, tous élevés à l'école des Gourko et des Skobeleff.

Que ne devait-on pas attendre de pareils cavaliers et de pareils chefs ? Voyons ce qu'ils ont fait.

Le 4 avril 1904, l'armée du général Kuroki était concentrée à Andjou. Pour se porter sur le Yalou, le général japonais prescrit les mesures suivantes. L'avant-garde sera composée de cinq bataillons, huit escadrons et de quelques pièces d'artillerie. La 12e division formera la tête du gros de la colonne ; elle

(1) L'Allemagne a 489 escadrons; l'Autriche, 351; la France, 448; l'Italie, 145; au total : 1.433 escadrons.

suivra à trois journées de marche de l'avant-garde et sera elle-même suivie à trois journées de marche par la division de la garde ; enfin la 2ᵉ division marchera à deux journées de la division de la garde. L'ordre portait que chaque division formerait deux échelons séparés par une demi-journée de marche.

L'armée devant s'avancer en restant à peu de distance de la mer n'aurait pas à se couvrir du côté de l'ouest ; du côté de l'est elle aurait des flancs-gardes d'infanterie à très faible distance et une garde éloignée composée de trois bataillons d'infanterie, un escadron et deux batteries de montagne qui prendrait pour direction Koussien, puis Tchantchou pour aboutir sur le Yalou à une centaine de kilomètres de l'embouchure du fleuve.

A ce moment-là, l'armée russe disposait sur la rive gauche du fleuve de 18 sotnias appuyées par de l'artillerie. Qu'a fait cette cavalerie pour entraver la marche des colonnes ? Elle a suivi leur mouvement du regard, puis a repassé le fleuve, expliquant son inaction complète par le mauvais état des chemins.

Pendant le *combat d'Yalou*, la cavalerie n'a pas fait davantage. D'après l'ordre de bataille, dix sotnias se trouvaient placées à l'extrême droite pour surveiller la mer et contribuer à empêcher un débarquement que rien de sérieux ne faisait prévoir ; six sotnias, sans aucun appui d'infanterie ou d'artillerie, sont envoyées vers Souken pour couvrir au loin l'aile gauche de l'armée et surveiller le haut cours du fleuve ; leur rôle s'est borné à regarder la flanc-garde japonaise qui a pris position à Tchentchou, sans oser tenter une démonstration ; enfin, deux sotnias furent conservées en réserve.

Durant cette journée, le rôle de la cavalerie a été absolument nul ; d'ailleurs, les comptes rendus officiels ne signalent ni un tué, ni un blessé, ni un homme disparu.

La cavalerie russe qui assistait au combat de *Vafangou*, livré le 14 juin, comprenait six escadrons du régiment de dragons du territoire maritime, trois sotnias du 4e régiment des cosaques de Sibérie et six sotnias du 8e régiment de cosaques de Sibérie ; cette cavalerie était appuyée par douze canons des batteries des cosaques de Transbaïkalie ; un chef énergique, le général-major Samsonoff, avait le commandement de cette troupe : qu'a-t-elle fait dans cette journée ?

D'après un correspondant attaché à l'armée russe « pendant la retraite les cosaques sibériens chargèrent et sabrèrent avec impétuosité trois escadrons japonais ». Tandis que, d'après un autre correspondant, marchant avec l'armée adverse, c'est la cavalerie japonaise qui aurait poursuivi avec acharnement la cavalerie russe et n'aurait abandonné la poursuite qu'en raison de la nature accidentée du terrain. Ces incidents semblent n'avoir existé que dans l'imagination des correspondants, les rapports officiels ne faisant mention d'aucune action de cavalerie ; ils se bornent à constater que la cavalerie ne prit part au combat que par le feu de ses batteries ; elle ne subit d'ailleurs aucune perte ; son rôle fut donc encore nul.

En lisant le très long rapport du général Zabouraiew, commandant le 4e corps d'armée sibérien, qui durant les *combats du 23 et du 24 juillet* a eu sous ses ordres toute la division de cavalerie du général Michtchenko, on constate qu'il ne fait mention de la cavalerie que pour dire : « D'après les renseignements des reconnaissances du cornette et du lieutenant Neksarow, les Japonais dirigent leur marche offensive sur Konsigoou. » Qu'a donc fait la division Michtchenko durant ces journées ?

Le rapport du général Stackelberg, commandant le 1er corps d'armée durant le combat de Dachitchao, signale bien des reconnaissances exécutées, *pendant la nuit*, par les plastounes (éclaireurs à pied) et la cavalerie pour reconnaître les positions occupées par l'ennemi ; il parle encore de la cavalerie assurant la liaison de son corps d'armée avec celui du général Zabouraiew ; lorsqu'il arrive au rôle de la cavalerie durant le combat, il s'exprime ainsi : « Quant à l'action de notre cavalerie, aucune offensive de l'ennemi ne fut remarquée dans sa direction jusqu'à 7 heures du matin. Plus tard, on vit déboucher de Khouan-lanboui, d'abord un régiment d'infanterie, avec une batterie, puis de Sangochi une autre colonne de même force. A une heure de l'après-midi, de l'infanterie et une batterie ayant paru à Santsiatsi, le détachement de cavalerie prit sa formation de combat face à l'est, sur trois lignes, ayant ses dragons pied à terre. Vers trois heures, on distingue un mouvement offensif des brigades ennemies, ce qui décida notre cavalerie à se retirer. »

Voilà donc une cavalerie nombreuse comprenant, en outre des cavaleries divisionnaires, toute une division et peut-être davantage, qui voit, dans la matinée, un régiment d'infanterie déboucher dans la plaine, puis un autre régiment ; elle reste inactive, elle assiste impassible au spectacle de cette concentration et lorsque l'ennemi dessine un mouvement offensif, elle se retire. Tout commentaire serait superflu.

D'après l'ordre de bataille précédant la grande *bataille de Liao-Yang*, le général Samsonow avec la division des cosaques de Sibérie est laissé en réserve en arrière de la ligne des forts. Le général Michtchenko ayant sous ses ordres la division des cosaques de l'Oussouri et la division des cosaques d'Orembourg doit couvrir la droite de l'armée. Tout le reste de la cavalerie, sous les ordres du général Bilderling, doit protéger l'armée vers l'est.

La bataille dura dix jours. Qu'a fait la cavalerie ? Elle n'a pas su voir que l'armée du général Kuroki se concentrait en entier derrière la colline des Quatre-Cornes ; elle n'a pas vu les préparatifs que faisaient les Japonais pour franchir le Taï-Tse-Ho à Sakau et à Kakvantoun ; aussi lorsque le mouvement tournant de l'armée de Kuroki est éventé, nous voyons le général Kouropatkine appeler, en toute hâte, les dix-neuf sotnias du général Samsonow et faire venir par une marche forcée à l'extrême gauche le corps d'armée du général Stackelberg qui se trouvait à l'extrême droite.

Samsonow, dès son arrivée, voulut pousser une reconnaissance, il donna l'ordre de la « faire hardiment et de la pousser à fond »; mais, dès les premiers pas, « ses cavaliers durent mettre pied à terre dans le gaolian dont toute la vallée était couverte, puis quitter le front et se retirer derrière l'infanterie (1). »

Durant la retraite, la cavalerie en fut encore réduite à faire le combat à pied. « Les sotnias des cosaques sibériens du général Samsonow, *démontées*, défendirent nos positions avec un très grand courage ; mais elles furent graduellement repoussées (1). »

Pendant cette bataille de dix jours, la cavalerie a beaucoup fatigué, tout en ne rendant, comme cavalerie, que des services insignifiants.

---

(1) Rapport du général Kouropatkine.

***

Au mois d'octobre fut livrée, sur le *Cha-Ho*, une bataille qui dura huit jours. Le général Kouropatkine avait à ce moment-là sous ses ordres 173 escadrons ou sotnias représentant un effectif de 28.000 cavaliers. Voyons ce qu'a fait cette masse énorme de cavalerie durant la bataille.

A l'extrême-droite, la cavalerie, sous les ordres du général Michtchenko, a secondé par l'action de son artillerie les troupes attaquant la colline Poutiloff ; c'est tout. Les rapports officiels signalent, au moment de la retraite de l'armée, une démonstration faite par le général Michtchenko, à la tête de six régiments de dragons et de quelques batteries d'artillerie ; l'artillerie chercha par son feu à retarder la poursuite de l'ennemi ; mais les rapports ne nous disent pas que la cavalerie ait pris part à la lutte.

La gauche de l'armée russe était placée sous les ordres du général Stackelberg ; elle comprenait les 1er, 2e et 3e corps sibériens et une nombreuse cavalerie formée des cosaques de Sibérie du général Samsonow et des cosaques de Transbaïkalie sous les ordres du général Rennenkampf. Toute cette cavalerie fut lancée en avant avec mission de mettre la main sur la vallée du Taï-Tsé-Ho, prendre en flanc et à dos les troupes japonaises occupant la région au nord du Liao-Yang et préparer une offensive générale ; elle était, dans son mouvement, appuyée par une nombreuse artillerie et soutenue par onze bataillons d'infanterie. Les colonnes de cavalerie des généraux Samsonow et Rennenkampf se mirent en marche le 8 octobre : le Taï-Tse-Ho fut franchi ; mais lorsqu'elles voulurent se porter plus au sud, elles furent arrêtées par des postes d'infanterie de l'armée ennemie qui gardaient tous les défilés ; les cavaliers tentèrent, sans succès, le combat à pied, le mouvement offensif était arrêté, et les Russes durent battre en retraite.

Dans la journée du 10, toute la cavalerie fut chargée de défendre sur le Taï-Tse-Ho le gué d'Ouiniounine ; le lendemain elle était concentrée à Pensihou ; là, le 5e régiment de cosaques de Sibérie fut obligé de mettre pied à terre pour défendre par son feu les approches de la position ; deux fois les Japonais prononcèrent une vigoureuse attaque et les deux fois ils furent repoussés par le feu des cosaques. Mais la cavalerie dut abandonner cette position qu'elle avait défendue avec tant d'énergie pour suivre le mouvement général de retraite de l'armée.

Il est un autre épisode de cette bataille qui honore la cavalerie. Le 13 octobre, un détachement, formé de trois escadrons du régiment de dragons de la province maritime et de trois sotnias des troupes de la garde de la voie ferrée sous les ordres du général-major Grekow, était chargé d'assurer la liaison entre l'armée de l'est et l'armée du centre. Ce détachement avait devant lui quelques postes japonais. Les dragons résolurent d'aller les attaquer ; ils mirent pied à terre, cachèrent leurs chevaux dans les broussailles, et ouvrirent le feu à 2.000 pas ; puis ils se portèrent en avant par bonds, d'abri en abri, exécutant à chaque arrêt des feux rapides ; lorsqu'ils furent suffisamment près, ils mirent la baïonnette au canon, s'élancèrent avec impétuosité, et, après un corps-à-corps, s'emparèrent de la position. Le commandement n'ayant pas jugé utile de conserver cette position, les dragons reçurent l'ordre de l'abandonner ; ils rejoignirent leurs chevaux qu'ils avaient laissés à deux kilomètres en arrière. Nous ne discuterons pas la faute commise par une troupe chargée d'un rôle de liaison, qui oublie sa mission pour se donner le luxe d'une attaque inutile ; nous nous bornerons à constater que les dragons ont, comme toujours, accompli avec bravoure leur rôle de soldat et aussi que dans cette bataille, comme dans les précédentes, leur rôle de cavaliers a été tout à fait secondaire, et même à peu près nul.

Moukden a été la dernière grande bataille de cette guerre. La cavalerie russe est à ce moment-là plus nombreuse qu'elle n'a jamais été.

En masse elle se trouve réunie à l'extrême droite où le terrain est favorable à son action. Le général Michtchenko, blessé à Sandepou, a dû céder le commandement au général Grekow. Le haut commandement a profité de cette circonstance pour partager la cavalerie en trois détachements indépendants ; le général Grekow est envoyé au loin vers le nord ; le général Eicholtz doit se porter sur le flanc droit et le général Pavlow doit surveiller la marche de l'armée du général Nogi : Pavlow n'a pas vu les mouvements de l'armée de Nogi qui étaient couverts par des essaims d'infanterie qu'il n'a pu percer, et c'est le mouvement de cette armée qui a amené l'évacuation par les Russes des positions autour de Moukden. Le 3 mars, les détachements de cavalerie des généraux Eicholtz et Pavlow formés depuis quatre jours à peine sont dissous et les régiments qui les composaient sont répartis entre les corps d'armée. Le 10 mars, on veut reconstituer un grand corps de cavalerie sous les ordres du général Michtchenko de retour à l'armée.

On comprend difficilement des modifications dans l'organisation de la cavalerie pendant que le canon tonne ; mais quelle que soit la gravité de cette erreur, on comprend aussi difficilement que 25.000 cavaliers n'aient pas fait sentir leur action durant la bataille, ni après ; l'armée russe fuyait à travers champs dans un désordre inexprimable ; dans la cohue se trouvaient mélangés hommes, chevaux, canons, voitures, dans le plus horrible pêle-mêle ; la cavalerie avait là une belle occasion de remplir son rôle de sacrifices ; elle devait chercher à protéger les blessés et à sauver les canons : c'était d'autant plus son devoir qu'elle était intacte, étant restée dans cette bataille de plusieurs jours en dehors de la lutte ; loin de remplir sa mission, sans même essayer de combattre, elle a continué son mouvement de retraite vers Kaï-Yuan ; heureusement pour l'armée russe, les Japonais étaient de leur côté exténués et à bout de munitions ; ils n'avaient plus la force de poursuivre.

Quant à la cavalerie japonaise, elle n'a rien fait durant la campagne et ne pouvait rien faire. Dans aucun rapport officiel on ne trouve trace de son emploi et des services rendus ; rarement elle évolue à plus de 10 kilomètres en avant de l'armée ; lorsqu'elle se trouve en présence de la cavalerie russe, elle refuse le combat et se retire. C'est avec raison qu'on a pu dire : « Elle est toujours restée dans les jambes de son infanterie. »

Il résulte de ce que nous venons de dire que la cavalerie, sur le champ de bataille, avant, pendant et après le combat, a eu, durant toute la guerre, un rôle des plus modestes ; il a été à peu près nul. Certainement, elle aurait pu mieux faire ; elle aurait pu intervenir, tout en reconnaissant que les progrès réalisés dans l'armement ont rendu cette intervention plus périlleuse, ce qui ne saurait arrêter nos valeureux cavaliers, mais ce qui la rend plus difficile, moins possible qu'autrefois.

Raids.

En dehors de son action dans le combat, la cavalerie se rend utile dans des raids et des reconnaissances. Le raid d'In-Kéou est l'opération la plus importante entreprise par la cavalerie durant la guerre russo-japonaise.

Le 7 janvier 1905, étaient réunis à Sifoutaï, à l'ouest de Moukden, 66 escadrons ou sotnias, 22 pièces d'artillerie, 4 mitrailleuses et 4 détachements d'éclaireurs montés d'infanterie. Ces troupes furent placées sous les ordres du général Michtchenko, considéré comme le chef le plus vigoureux et le plus entreprenant de la cavalerie russe. Le lendemain, 8 janvier, elles se mettaient en marche dans la direction du sud-ouest en trois colonnes ; un convoi de 1.500 animaux de bât marchait avec la colonne du centre. Dans la première journée la distance parcourue fut de 40 kilomètres. Dans la journée du 9 le raid, après être passé de la vallée du Houn-Ho dans celle du Liao-Ho et avoir franchi le fleuve sur la glace, s'arrêta à 35 kilomètres du point de départ. Ce jour-là, il captura, sans combat, un convoi japonais.

Dans la journée du 10, la marche fut plus lente encore que celle des journées précédentes. Dans la zone de marche se trouvaient des maisons et des villages occupés par de petits détachements japonais ; on voulut s'en emparer et on perdit ainsi du temps. Ce fut une erreur qui fut reconnue. Le général

Michtchenko donna l'ordre de négliger les postes défendus, de les tourner en menaçant la ligne de retraite des défenseurs ; c'était d'autant plus nécessaire que l'on entrait dans une zone que l'on croyait assez fortement occupée ; les renseignements disaient que chaque village était gardé par une compagnie ; à Niou-Tchouan la garnison était de 300 hommes ; elle était de 2.000 hommes à In-Kéou et de 4.500 hommes à Haï-Tchen. Il fallut prendre de sérieuses mesures de sécurité tant pour le stationnement que durant la marche, les intervalles de marche furent réduits à 1 kilom. et demi, ce qui aurait permis aux colonnes de se prêter un mutuel appui en cas d'attaque.

Dans la soirée du 11, le bivouac fut installé à 20 kilomètres d'In-Kéou.

Le lendemain 12 janvier, la marche ne fut reprise qu'à 1 heure de l'après-midi ; les premières troupes n'arrivèrent en vue d'In-Kéou, l'objectif du raid, qu'à 4 h. 45. C'était bien tard pour commencer une attaque. Néanmoins, l'artillerie ouvrit immédiatement le feu qu'elle continua sans interruption jusqu'à 6 h. 10, usant la moitié de ses approvisionnements, environ 2.000 coups, à la distance de 4.000 mètres.

Lorsque le général Michtchenko vit la station du chemin de fer et quelques magasins en feu, il ordonna l'attaque. Les troupes, comprenant 25 escadrons à pied sous les ordres du colonel Khoranoff, s'avancèrent avec une lenteur extrême ; on commit la faute de ne pas les couvrir vers l'est, ce qui permit à de l'infanterie japonaise, venant par la voie ferrée, d'arriver, de les menacer à revers et de faire échouer l'attaque ; le général Michtchenko se vit dans la nécessité de donner l'ordre de retraite, à 7 h. 30.

Le raid remonta vers le nord ; sans difficultés sérieuses, il put rejoindre l'armée, le 18 janvier, après neuf journées de marche et une journée de repos donnée la veille de l'arrivée. Malgré son effectif considérable, il n'avait obtenu que des avantages de bien minime importance : un convoi d'une centaine de voitures détruit et une gare partiellement brûlée ; ce résultat avait coûté 7 officiers tués et 32 blessés, 73 hommes de troupe tués et 257 blessés.

Que de fautes commises !

Quoique devant traverser un pays fort riche, ayant en quantité des vivres et fourrages, le raid fut alourdi par un immense convoi de 1.500 animaux de bât, ce qui l'obligea à faire toutes les étapes au pas, sans dépasser une moyenne de 30 kilomètres par jour, course qu'aurait pu fournir aisément une infanterie allégée. Au lieu d'aller rapidement au but, la cavalerie s'est plusieurs fois arrêtée pour attaquer des maisons et villages qui pouvaient être tournés et a fait ainsi des pertes inutiles. Les hommes et les animaux ont été fatigués par des mesures de sécurité exagérées que rien ne justifiait, le pays au nord d'In-Kéou n'étant que faiblement occupé, comme nous le dit un ordre du général Michtchenko, en date du 12 janvier : « Les reconnaissances exécutées par le régiment de Terck-Kouban ont fait connaître la marche de 5 bataillons japonais venant de Dachitchao qui se trouvent sur la voie ferrée au sud-est de notre point de stationnement. *Aucun renseignement ne signale l'ennemi au nord de nous*, sauf peu de monde à Niou-Tchouan. »

Il y avait en effet si peu de monde que le sous-lieutenant Plotnikow des cosaques d'Orembourg, qui avait quitté l'armée dans la journée du 13, porteur d'un message du général en chef au général Michtchenko avait pu, presque seul, arriver sans encombre à Niou-Tchouan, et, apprenant là que le raid était remonté vers le nord, en suivre les traces et le rejoindre dans la soirée du 16.

On a déjà vu combien fut défectueuse l'attaque d'In-Kéou. La colonne était campée la veille à 20 kilomètres de la place ; au lieu de se mettre en mouvement le lendemain dès le point du jour, elle ne se met en marche qu'à 1 heure de l'après-midi, ouvre le feu de son artillerie à 4 h. 45 et on attend l'arrivée de la nuit pour lancer les colonnes d'attaque, ce qui forcera les dragons à s'avancer sur un terrain qu'ils ne voient pas. On donna ainsi le temps aux défenseurs d'élever des retranchements, de barricader les avenues et de venir tranquillement occuper ensuite les positions de combat.

In-Kéou n'avait pas d'artillerie ; la garnison était faible ; c'est ce que reconnaît le général Michtchenko dans son ordre : « Le combat a montré que la station d'In-Kéou n'était occupée que par des forces peu considérables. » C'est ce que les renseignements précédemment obtenus avaient dit ; il fallait donc brusquer l'attaque ; il ne fallait pas donner le temps aux cinq bataillons partis de Dachitchao de venir secourir la place, et, tout au moins, ralentir leur marche par la destruction au loin des ouvrages d'art de la voie ferrée.

Le raid d'In-Kéou composé de forces si considérables fut un insuccès ; il fut mal entrepris et mal dirigé.

Au mois de mai 1905, le général Liniéwitch, commandant en chef de l'armée, organisa un nouveau raid qu'il voulut diriger sur Simminting.

Le 15 mai, la division des cosaques du Caucase et une division formée par une brigade des cosaques de l'Oural et une brigade des cosaques de la Transbaïkalie, avec leur artillerie, étaient concentrées à 80 kilomètres au nord de Kang-Ping. Le général Michtchenko en prit encore le commandement.

L'ordre de mission portait : « Gagner les derrières du groupe ouest des armées japonaises et empêcher celles-ci de passer à l'offensive en détruisant les magasins et les convois et en mettant les routes hors de service. Il y aura lieu d'éviter les rencontres sérieuses avec l'ennemi, particulièrement quand celui-ci occupera des positions retranchées ; mais en cas de rencontre en terrain libre, surtout avec de la cavalerie et des Khoungouses, attaquer à fond. »

Le raid se mit en mouvement le 17 mai, à 8 heures

du matin. en prenant la route de Kang-Ping. Les avant-postes de cavalerie japonaise furent forcés sans combat ; plusieurs bandes de Khoungouses furent dispersées ; plus loin, l'avant-garde vint se heurter au village de Tchaoboua, défendu par l'ennemi ; deux sotnias mirent pied à terre pour l'attaquer ; mais le général Michtchenko, conformément à son ordre de mission, fit cesser le combat et prescrivit qu'à l'avenir tous les villages défendus seraient contournés à une distance de deux kilomètres.

Dans la journée du 18, la colonne entourée d'une nuée de patrouilleurs s'avança, à travers champs, dans le terrain compris entre Kang-Ping et Fakoumen, les deux points autour desquels se trouvait le gros des forces du général Nogi ; les villages défendus furent contournés; quelques bandes de Khoungouses furent encore dispersées ; le raid rencontra, près d'Indiaopi, trois escadrons japonais au bivouac qui s'enfuirent précipitamment en abandonnant les harnachements et les bagages. Dans l'après-midi les éclaireurs signalèrent une colonne d'infanterie et d'artillerie venant de la direction de Kang-Ping avec l'intention manifeste d'arrêter le raid. Les cosaques de l'Oural qui couvraient le flanc gauche mirent aussitôt pied à terre, occupèrent un village et se préparaient à combattre lorsqu'ils reçurent l'ordre de reprendre la marche dans la direction du sud-est; l'artillerie japonaise lança quelques obus qui, tirés à une trop grande distance, ne produisirent aucun effet. La colonne longeait les hauteurs situées à l'est, couronnées de tranchées, garnies de troupes d'infanterie ; pour éviter leur feu, elle dut modifier sa direction, aller plus au sud et activer son allure. A la nuit elle se trouvait suffisamment éloignée des postes ennemis pour s'installer autour de Tchandropa qui se trouve à 40 kilomètres environ au sud de Kain-Ping et autant au nord-ouest de Fakoumen. Dès l'installation, au bivouac, des reconnaissances envoyées de tous les côtés rendaient compte qu'il n'y avait pas de Japonais dans un rayon de 10 à 12 kilomètres.

Dans la journée du 19 mai, le raid fit environ 60 kilomètres dans la direction du sud-est pour atteindre la grande route de Fakoumen à Simmiting qui forme la ligne principale de communication entre les troupes de l'armée du général Nogi ; il ne rencontra pas l'ennemi. Il n'en fut pas de même le lendemain. A peine avait-il fait 6 kilomètres qu'il se heurtait à un réseau de postes japonais occupant les villages et des tranchées établies sur toutes les hauteurs. Une fusillade violente força la colonne à s'arrêter ; on ne pouvait songer à attaquer de front des positions si solidement défendues ; l'ordre fut donné d'avoir à les contourner. Ce mouvement amena l'enveloppement presque complet d'un détachement de plusieurs compagnies qui, avec des mitrailleuses, occupait le village de Tsintsaï-Pao et les tranchées voisines. Après un feu violent ouvert par l'artillerie de Transbaïkalie, l'attaque fut menée de front par les sotnias de l'Oural, pendant que les sotnias de Verknéoudinsk exécutaient le mouvement tournant ; les défenseurs pris entre deux feux cherchèrent à s'enfuir dans la montagne ; deux compagnies furent à peu près complètement détruites et deux mitrailleuses furent prises.

Dans cette même journée, le régiment de Tchita des cosaques de Transbaïkalie était descendu à 60 kilomètres au sud de Fakoumen ; il avait trouvé là un convoi faiblement gardé que les dépêches russes estiment à 800 voitures, contenant du riz, du thé, des conserves, des fourrages et du charbon et l'avait brûlé.

Après la prise du village de Tsintsaïpoa, le raid continua sa marche vers le sud. Les Japonais avaient pu, en toute hâte, renforcer leurs postes d'infanterie ; ils occupaient le village de Donsiasa, ainsi que des retranchements élevés au nord du village. Le régiment d'Ekaterinodar, qui formait l'avant-garde, sous la protection de l'artillerie, déploya ses sotnias qui s'élancèrent au galop sur les tranchées ; mais leur élan vint se briser contre un ravin infranchissable ; les cosaques durent mettre pied à terre, franchirent le ravin et arrivèrent sur les tranchées que les Japonais avaient évacuées pour se concentrer dans le village. Les Russes les y suivirent, un combat violent s'engagea dans les rues, et finalement les cosaques durent battre en retraite.

Au même moment, le régiment d'Ouman, ayant mis pied à terre, attaquait le village de Chiloia dont il ne pouvait s'emparer et le général Michtchenko en personne dirigeait une importante action contre le village de Tasintoun. Le village était organisé défensivement. Les troupes d'attaque comprenaient le régiment de Tchita, deux sotnias du régiment de Verknéoudinsk et une sotnia du régiment de Sounja-Vladikarkas ; elles étaient soutenues par de l'artillerie. Une partie du village tomba au pouvoir des Russes; mais dans l'ensemble la résistance ne put être vaincue malgré l'élan des cosaques qui éprouvèrent des pertes sérieuses. Le général Michtchenko donna l'ordre de rompre le combat ; c'était une mesure nécessaire : la troupe avait consommé la plus grande partie de ses munitions ; le peu qui lui restait était indispensable dans le cas où, pendant le retour, elle se trouverait dans la nécessité de s'ouvrir un passage de vive force.

Le lendemain, 21 mai, le raid remontait vers le nord en s'éloignant le plus possible des positions japonaises, se rapprochant ainsi de la frontière mongole ; il arriva le 24 mai à Liao-Ian-Vopa. Il ramenait 5 officiers et 234 prisonniers et deux mitrailleuses capturées. Les pertes données dans les comptes rendus officiels étaient de 3 officiers tués et 9 blessés, 34 hommes tués et 140 blessés.

Si, pendant ce raid, le général Michtchenko n'a pu avoir aucun renseignement sur les intentions et les préparatifs d'offensive de l'armée japonaise comme le comportait l'ordre de mission ; s'il n'a pu arriver à la voie ferrée, pour faire sauter les ouvrages d'art quoique à un certain moment il n'en fût pas éloigné de plus de 50 kilomètres, il a pu, sur plusieurs points, couper les lignes télégraphiques ; il est parvenu à détruire un important convoi d'approvisionnements ; il a surtout jeté une grande inquiétude dans le camp ennemi et relevé le prestige et la confiance de la cavalerie russe que son inaction lui avait fait perdre.

En relevant les distances parcourues par le raid du mois de mai, comme par celui du mois de janvier, on ne constate pas des efforts équivalents à ceux qui ont été obtenus durant la guerre de Sécession.

Nous sommes loin du raid du général Stuart qui, à la tête de 18.000 cavaliers, fit le tour de l'armée de Mac-Clellan, soit un trajet de 242 kilomètres en trois jours.

Nous sommes loin encore du raid de Morgan qui, parti avec 2.460 cavaliers, parcourut 1.100 kilomètres en vingt-quatre jours, mais finit, il est vrai, d'une manière lamentable. Des chevauchées pareilles ne peuvent se faire qu'au prix de sacrifices énormes : l'historien qui a étudié le raid effectué par le général Shéridan en Virginie, dans un pays riche entre tous, raid qui a duré trente-six jours, rapporte que sur 10.000 chevaux partis 4.000 moururent de faim, de soif et de fatigue et les 6.000 qui restaient furent reconnus incapables de faire de longtemps aucun service de guerre.

Dans une guerre européenne la marche d'un raid présentera de bien plus grandes difficultés : la télégraphie et l'automobilisme permettront de prévenir le parti adverse de son mouvement et de sa direction;

les voies ferrées donneront la facilité de transporter rapidement des troupes pour l'arrêter ou lui fermer les voies de retour. Les raids ne pourront réussir que s'ils sont formés avec des chevaux ayant de l'endurance et de la vitesse, et très rapidement menés ; que si leur effectif est relativement faible, et si le parcours à effectuer ne demande pas plus de deux ou trois jours. Comme un convoi alourdit leur marche et que les ressources d'un pays occupé par l'ennemi sont minimes, il convient de résoudre le problème de l'alimentation des animaux par l'adoption d'un aliment qui, sous un petit volume, puisse suffisamment soutenir leurs forces pendant toute la durée du parcours. Sur le territoire national, en raison de la connaissance parfaite du terrain et de l'appui des habitants, ils seront certainement très possibles ; ils le seront infiniment moins en territoire ennemi.

Reconnaissances.

« C'est l'incertitude dans laquelle sont presque toujours les généraux sur la situation de l'ennemi qui rend si difficile le commandement d'une armée ; c'est la connaissance qu'en ont après les écrivains qui rend la critique si facile (1). »

Renseigner sur cette situation ; en d'autres termes sur les forces, les mouvements, les dispositions prises par l'ennemi, tel était le rôle de la cavalerie ; voyons par quelques récits comment elle s'en est acquittée.

---

(1) Maréchal Jourdan.

Le 1er octobre, quatre régiments de cavalerie et une batterie furent envoyés en reconnaissance dans la direction des mines d'Yantaï. L'ordre de mission portait d'avoir à forcer les avant-postes ennemis pour se rendre compte de l'effectif des troupes que ces avant-postes couvraient et de la valeur des ouvrages de fortification récemment élevés. Neuf sotnias furent lancées en avant : leur action était appuyée par une réserve formée de douze sotnias et de la batterie. Le terrain était difficile ; dans la vallée les chevaux furent gênés par les pieds du gaolian qui avait été récemment coupé ; sur la montagne, la nature abrupte et rocheuse du sol rendit leur marche pénible ; aussi les sotnias furent-elles obligées de mettre pied à terre, de se déployer en tirailleurs et de faire le combat d'infanterie ; une sotnia cependant put rester à cheval ; mais elle se trouva bientôt en présence de quatre escadrons japonais qui s'avançaient au trot et prirent le galop lorsqu'ils ne furent plus qu'à une distance de 1.000 mètres ; la sotnia dut faire rapidement demi-tour ; elle put gagner un village, où elle mit pied à terre et parvint à arrêter par son feu les escadrons ennemis. Les sotnias des régiments de Tchita et de Verknéoudinsk vinrent à son secours, mirent également pied à terre, ouvrirent le feu et forcèrent les escadrons japonais à se retirer. La reconnaissance avait échoué.

Une dépêche du général Sakharoff, chef d'état-major de l'armée, en date du 26 octobre, nous donne le résultat d'une autre reconnaissance faite par une division entière de cavalerie sous le commandement du prince Toumanoff. Cette reconnaissance rencontra l'ennemi fort de 1.500 hommes d'infanterie, 2 escadrons et 4 canons au village de Khalatosa ; elle ne put s'avancer ; le feu seul de l'infanterie arrêta le mouvement de la division et l'obligea à se retirer.

Une autre dépêche, adressée par le général Kouropatkine au Tsar, le 30 octobre, nous apprend qu'une forte reconnaissance de cavalerie a été dirigée sur la rive gauche du Houm-Ho, vers le village de Fonteyandouadzy ; les sotnias de tête vinrent se heurter à des retranchements défendus par de l'artillerie et de l'infanterie ou à des palissades protégées par des fils de fer ; après avoir éprouvé des pertes sérieuses, la cavalerie dut battre en retraite.

Par ces trois épisodes de la guerre, et par d'autres qu'il serait possible de raconter, il parût démontré au haut commandement que, devant la puissance du feu de l'infanterie et de l'artillerie, les reconnaissances à fort effectif ne pourraient que très difficilement aboutir à donner des renseignements même de minime valeur.

Par contre, les reconnaissances d'officiers ou celles n'ayant qu'un faible effectif donnèrent à l'état-major des renseignements précieux. C'est par une de ces reconnaissances que le général Kouropatkine apprit, le 24 mai, que 40.000 hommes de troupes japonaises étaient arrivés à Feng-Hoang-Tcheng et qu'à

Pyamin il y avait quatre régiments d'infanterie et cinquante canons, ce qu'il ignorait complètement. Plus tard, lorsque les dépêches venant de Che-Fou annonçaient que les Japonais exécutaient un mouvement pour tourner par l'ouest l'armée russe, le capitaine Ivanitzky, de l'armée du général Batianoff, à la tête d'un très faible détachement, exécuta une reconnaissance de 120 kilomètres au sud d'Etoung ; il ne rencontra que de très rares piquets japonais sur la route, et acquit ainsi la conviction que l'ennemi avait abandonné, au moins pour le moment, le projet de tourner l'armée russe ; il sortit le général Liniévitch d'une terrible anxiété. Cette reconnaissance, en raison de son faible effectif et de sa mobilité extrême, avait rendu toute poursuite impossible ; elle avait pu éviter tous les points occupés.

Les services rendus par les reconnaissances à très faible effectif poussèrent le général Kouropatkine à organiser une sotnia de 170 cavaliers provenant de tous les corps et choisis parmi les hommes vigoureux, intelligents, dévoués, sérieux, pleins d'entrain, bien dressés dans l'art de faire des reconnaissances, ne reculant devant aucun danger. Cette sotnia fut installée à proximité du quartier général ; elle devait être toujours prête à être mise en mouvement pour effectuer soit en bloc, soit par fractions, des reconnaissances stratégiques ou des reconnaissances tactiques. Cette organisation présentait d'autres avantages ; on évitait les pertes de temps qu'il faut à un ordre pour arriver à la troupe intéressée, en passant par les états-majors intermédiaires ; on n'avait pas à craindre de voir l'ordre divulgué, et enfin on pouvait expliquer de vive voix à l'officier ou au sous-officier chargé d'une mission le but poursuivi, ce qui donnait l'assurance d'être mieux compris que lorsque le but n'est indiqué que dans un ordre écrit.

Cette sotnia rendit de si précieux services que le général Liniévitch, peu après avoir pris le commandement de l'armée, en organisa une deuxième dans des conditions identiques. L'armée fut unanime à reconnaître combien le concours de cette cavalerie spéciale, rompue au service des reconnaissances, lui était utile, et un correspondant militaire des plus autorisés n'a pas hésité à écrire que « ces sotnias avaient rendu à l'armée russe plus de services que toute la cavalerie réunie ».

Il y a là, pour nous, un enseignement utile. Le service de découverte que font les officiers a pris une extension considérable ; non seulement c'est un service dangereux, mais il entraîne une fatigue que ne peuvent supporter que des officiers jeunes et très vigoureux ; ces officiers feront rapidement défaut si la guerre se prolonge. Nous voudrions donc voir organiser dans nos armées un escadron et dans nos corps d'armée un peloton d'hommes, montant et maniant avec adresse des chevaux susceptibles de grande résistance et ayant beaucoup de vitesse. Ces cavaliers, choisis parmi les soldats ou les réservistes, ayant de l'ardeur, de la hardiesse, du courage, intelligents, sachant bien lire la carte, parler, si c'est possible, la langue du pays, seraient rompus au service des reconnaissances, et, pour eux, toutes les autres parties du service n'auraient qu'une importance relative et secondaire ; le revolver serait leur arme unique ; leur armement : ils le chercheraient dans la vigueur et la vitesse de leur monture.

ENSEIGNEMENTS A TIRER DES DERNIÈRES GUERRES

De l'étude des dernières guerres il ressort, pour la cavalerie, trois points principaux que nous devons mettre en évidence :

Le temps des grandes charges de cavalerie est passé ;

Le combat à pied est devenu pour la cavalerie d'un usage plus fréquent ;

Les grandes masses de cavalerie, réunies sous un commandement unique, sont plus gênantes qu'utiles. Nous allons en fournir la preuve.

Le temps des grandes charges de cavalerie est passé.

Alors que l'artillerie ne tirait que des projectiles pleins dans des canons se chargeant lentement par la bouche, n'ayant qu'une portée très limitée ; alors que l'infanterie était armée d'un fusil lançant une balle sans justesse, sans portée, sans force de pénétration, on conçoit qu'une charge vigoureusement menée pût arriver sur l'ennemi en deux ou trois minutes en n'ayant subi que des pertes insignifiantes qui n'étaient pas susceptibles d'arrêter son élan. C'était alors l'époque de la puissance des charges brillantes des guerres du Premier Empire que l'histoire nous raconte. A Eylau, nous dit-on, une charge de cuirassiers du général Millaud arriva sur l'infanterie ennemie sans avoir reçu un coup de fusil, l'état atmosphérique ayant rendu impossible la mise en feu de la poudre des bassinets.

L'adoption de la capsule à poudre fulminante fut le premier coup porté à l'action prépondérante des charges sur le champ de bataille ; les perfectionnements apportés depuis à l'armement ont fini par les rendre inexécutables. Balaklava fut leur dernier triomphe.

C'est en tenant compte des améliorations introduites dans l'armement de l'infanterie et de l'artillerie, et non dans l'étude des guerres qui ont précédé cette période, qu'il faut rechercher si les charges en ordre compact sont encore possibles et si l'effet utile qu'elles peuvent donner est comparable aux sacrifices qu'elles entraîneraient.

Durant la guerre de 1866 entre la Prusse et l'Autriche il est arrivé, à plusieurs reprises, nous dit le prince de Hohenlohe, que des tirailleurs restèrent tranquillement couchés en face de la cavalerie qui les chargeait ; c'est ainsi que les 2e et 3e compagnies du 21e régiment d'infanterie portées en avant de la forêt de Sadowa repoussèrent les charges dirigées contre elles en restant couchées.

Le même jour, d'après le général Verdy du Vernois, un corps de troupe fut surpris par la charge de deux escadrons de uhlans autrichiens : un seul homme fut blessé en voulant se rallier aux soutiens ; mais les braves uhlans laissèrent la moitié de leur monde sur le terrain.

Dans la 7e livraison de la Relation allemande sur la guerre de 1870 on peut lire : « Parmi les troupes du 12e corps d'armée envoyées pour recueillir le 5e, à Beaumont, se trouvaient les cuirassiers du général de Béville. Placés au nord du faubourg de Mouzon, ils essuyaient des pertes ; aussi le général de Fénelon prescrivit-il de charger le 27e régiment d'infanterie prussienne. Le colonel de Contenson dirigea la charge contre la 11e et la 12e compagnie ; mais, chemin faisant, les cuirassiers obliquent à gauche et viennent aborder la 10e compagnie, non en position, un peloton même tournant le dos aux cuirassiers. Le capitaine Helmuth établit vivement ce peloton face à l'attaque, interdit formellement à ses hommes de se pelotonner en groupes, leur ordonnant au contraire d'attendre de pied ferme que l'assaillant se soit rapproché et de n'entamer le feu qu'à son commandement. Ces prescriptions furent suivies de point en point. Ainsi disposée, la 10e compagnie formait un angle ouvert vers le nord. Les escadrons français s'y engagent à bride abattue et arrivent jusque sur l'infanterie ; mais un feu éclatant à bout portant cause dans leurs rangs d'effroyables ravages. Le colonel de Contenson et son cheval tombent à quinze pas de la ligne de tirailleurs, plusieurs autres officiers sont également tués ou blessés ; ceux de ces braves cavaliers encore debout poursuivent encore la charge ;

mais les fusiliers qui les attendent de pied ferme en ont facilement raison.

» Ce brillant fait d'armes s'était accompli sans aucune perte pour la compagnie prussienne : quelques hommes seulement avaient été contusionnés, mais si légèrement qu'ils ne quittaient point le rang Les cuirassiers français avaient perdu du fait de la charge onze officiers, une centaine d'hommes au moins et encore plus de chevaux. »

Le général de Waldersée, commentant les dernières campagnes, a pu écrire : « Nous avons vu par notre propre expérience que l'infanterie n'a plus à redouter les charges de la cavalerie et qu'elle peut les repousser simplement par le feu de pied ferme, quelle que soit la formation dans laquelle elle se trouve. A Wœrth, des charges brillantes furent repoussées par le feu seul de grands essaims de tirailleurs. A Sedan, la cavalerie française qui voulait se frayer un chemin fut complètement anéantie par les feux de salves des compagnies déployées en bataille, joints au feu des tirailleurs. »

Quelle a été l'influence de cette magnifique chevauchée de la mort de la brigade Brédow sur le résultat final de la bataille de Rézonville ?

A quoi ont servi, durant la guerre du Transwaal, les charges d'Alexandersfontein et de Diamondsville ?

Malgré tout, les militaires animés du vieil esprit cavalier se plaisaient encore à croire que dans les guerres futures la tactique du choc, par masses, aurait toujours son importance ; ils escomptaient par avance les succès de l'innombrable cavalerie de l'armée russe en Mandchourie, leurs espérances ont été déçues. Au début de la guerre, ils nous ont dit que le pays montagneux empêchait la cavalerie de manœuvrer ; nous avons attendu un terrain meilleur ; nous l'avons eu lorsque l'armée a atteint la plaine du Liao-Ho ; pour expliquer alors l'immobilité de la cavalerie, on a attribué aux champs de gaolian la difficulté des mouvements ; mais, après Moukden, l'armée se trouvait sur un terrain favorable entre tous à l'action de la cavalerie, sur un terrain qui permettait de donner au choc toute sa puissance ; jusqu'à Kharbine, sur un espace de 600 kilomètres, il ne forme qu'une plaine immense « Beauce démesurée » qui s'étend jusqu'aux steppes de Mongolie et n'est coupée que par de faibles ondulations de 10 à 15 mètres de hauteur. Pourquoi n'en a-t-elle pas profité ?

La cause de l'inaction de la cavalerie dans le combat, il faut la chercher dans la transformation de l'armement. L'infanterie possède une arme à longue portée, à trajectoire rasante, à tir rapide, munie d'un magasin de munitions ; à elle seule, elle peut arrêter et repousser la cavalerie la plus valeureuse et la plus entreprenante.

L'artillerie, de son côté, peut, sans même voir la cavalerie, la frapper pendant qu'elle est encore très au loin, cachée même par un mouvement de terrain, se préparant à entrer en action ; et lorsque le mouvement est commencé, la longue portée de ses pièces lui permet de jeter dans les rangs le désordre et la mort, et si quelques cavaliers isolés arrivent jusque sur les lignes d'infanterie, ils y arriveront tellement épuisés que facilement on aura raison de leur audace.

Quelle est la troupe qui pourra affronter le tir d'une batterie de quatre pièces du 75, manœuvrées par des hommes exercés, tirant en une minute 80 coups, pouvant répandre 24.000 balles sur une zone de 200 mètres de front sur 400 mètres de profondeur, et qui, après avoir traversé cet ouragan de fer, serait encore assez unie pour attaquer un bataillon pouvant, en une minute, lancer 6.000 à 8.000 projectiles. Les escadrons qui tenteraient un pareil effort iraient sûrement à leur destruction ; il n'est pas, nous l'affirmons, une troupe qui ait un moral suffisant pour le tenter.

D'ailleurs, quel pourrait être l'objectif de la cavalerie chargeant en masse ? Autrefois c'était un carré, c'était une troupe formée en ordre compact, l'objectif était bien net et bien visible ; tandis qu'aujourd'hui l'infanterie a modifié ses formations, elle se terre profite des obstacles du terrain ou en crée ; elle tire des projectiles à poudre sans fumée, l'adversaire ne soupçonne pas le point d'où ils partent, il ne peut préciser quels sont les points occupés. Entre les mains d'hommes exercés la balle n'est plus folle ; elle s'est disciplinée ; elle frappe le point voulu, elle ne produit plus seulement un excitant, elle sème la mort.

On nous objectera que toute charge sera appuyée par le feu de l'artillerie amie qui attirera sur elle le feu de l'artillerie ennemie : c'est certain ; mais ce qui ne l'est pas moins, c'est que le devoir de l'artillerie de la défense est de négliger le feu de l'artillerie de l'attaque pour concentrer son feu sur la charge qui se prépare ou qui s'exécute, car là est le danger immédiat.

Voilà pourquoi, durant toute la guerre russo-japonaise, on n'a pas eu à enregistrer une seule de ces grandes charges qui se multipliaient dans les guerres d'autrefois.

Le général Michtchenko, le chef le plus brillant de la cavalerie russe, dans un ordre adressé à ses troupes à la fin de la campagne, s'exprime ainsi : « Voilà quatorze mois que dure votre service de guerre. Il n'a pas présenté de bruyantes victoires, de *charges brillantes* réjouissant l'âme du cavalier ; mais si on me demandait ce que je crois de plus pénible, ce qui est le plus glorieux, le plus important pour l'armée, des brillantes attaques ou de ce travail invisible que, sans vous ménager, vous avez fourni dans les conditions les plus dures, depuis la Corée jusqu'à Moukden, combattant sans relâche, éclairant et couvrant l'armée, c'est ce travail que je déclarerais le plus glorieux. » Si ce travail n'est pas plus glorieux, il est toujours plus utile pour l'armée. La charge réjouissait l'âme du cavalier, exaltait son courage, relevait le moral des troupes, l'échec qu'il faut prévoir, qui nous paraît certain, produirait un résultat contraire. Le temps des charges héroïques est passé.

Certainement, la cavalerie trouvera encore des occasions pour charger contre une position qu'elle peut entourer, de tous côtés, contre de l'artillerie qui n'est point, ou n'est que faiblement soutenue, contre une troupe démoralisée, en désordre ou n'ayant plus de munitions ; ces charges pourront se faire dans l'ordre dispersé, en lavava ; mais les grandes charges, en ordre compact, seront si exceptionnelles que l'on peut dire qu'on n'en verra plus.

Nous ignorons si les Allemands partagent cette opinion ; mais on a pu constater que durant les dernières grandes manœuvres il n'a été fait aucune charge en ordre serré ; l'Empereur n'a même pas fait exécuter la charge finale qu'il avait menée lui-même dans toutes les grandes manœuvres précédentes. En France, au contraire, nos manœuvres dans l'Ouest et en Champagne ont donné lieu à des charges de cavalerie plus nombreuses que jamais, ce qui nous a fait gourmander malicieusement par une Revue militaire étrangère qui trouve que, sans idée tactique et seulement pour l'agrément du spectacle, nous avons voulu *régaler* le Président de la République d'une grande charge de cavalerie. Si nous gardons les charges botte à botte, que ce soit pour enthousiasmer le public un jour de revue, sans admettre qu'elles indiquent la valeur technique d'une troupe de cavalerie, pas plus qu'un maniement d'armes correctement exécuté ne nous donne la valeur technique d'une troupe d'infanterie ; mais lorsque nous serons sur les terrains des opérations de guerre, réléguons-les dans les vieux souvenirs : nous nous exposerions à faire détruire notre cavalerie et à nous priver de ses services qui, à d'autres moments, seront précieux ; souvenons-nous encore que les charges n'ont jamais été qu'un incident glorieux du combat, sans être la cause déterminante d'un succès.

Le combat à pied est devenu pour la cavalerie d'un usage plus fréquent.

Durant la guerre du Transvaal, la cavalerie anglaise, considérée cependant comme la mieux montée de toutes les cavaleries des armées européennes, ne put jamais atteindre les Boers, elle dut se « spécialiser » dans le combat à pied et, de ce fait, certains militaires ont conclu que la cavalerie avait ainsi donné la preuve qu'elle devait être bannie du combat, ou tout au moins que, dans l'action, son rôle ne serait plus que celui d'une infanterie plus rapide ; ils sont allés même jusqu'à prononcer les mots de faillite de la cavalerie.

Les partisans du vieil esprit cavalier n'ont pas accepté cette appréciation. Tout en reconnaissant l'exactitude des critiques faites à la cavalerie anglaise, ils ont répondu que si cette cavalerie n'avait à peu près jamais agi par le choc, c'est qu'elle s'est trouvée en présence d'adversaires disséminés, cachés, redoutables par leur feu, que l'on ne pouvait atteindre ni espérer pouvoir combattre à l'arme blanche ; ils ont émis la conviction que dans une grande guerre le choc retrouverait toute sa puissance.

On attendait donc les enseignements de la guerre russo-japonaise, au point de vue du rôle de la cavalerie, pour trancher un différend dont la solution pouvait, dans l'avenir, avoir une importance considérable.

En lisant les rapports des opérations militaires en Mandchourie, que ces rapports concernent les batailles de Vafangou, de Liao-Yang, du Cha-Ho, ou autres, qu'ils concernent les raids sur In-Kéou, ou vers Simminting, ou bien encore toutes les reconnaissances, on est frappé de retrouver dans tous une phrase qui paraît stéréotypée : la cavalerie met pied à terre et fait le combat d'infanterie ; c'est ce qui a fait dire au colonel Zalieski : « La cavalerie a plus souvent travaillé à pied qu'à cheval. » Et alors on croit arriver à une conclusion tendant à admettre que le combat à pied, qui jusqu'ici n'avait été pour la cavalerie qu'un incident exceptionnel, est devenu, dans toutes les circonstances de la guerre, une règle.

Partant de là, on vient nous dire que dans le combat la cavalerie n'est plus qu'une infanterie montée ou une infanterie à marche rapide. Il y a là une confusion, une erreur même, qu'il faut dissiper.

Par infanterie montée nous devons entendre des fantassins ayant à leur disposition des animaux, chevaux ou mulets, qui leur permettent d'effectuer une course beaucoup plus longue que celles que les forces humaines rendent possibles, sans imposer à l'homme une fatigue qui le mettrait dans l'incapacité de donner dans le combat qui suit la course l'effort nécessaire. C'est ainsi que nous avons vu, le 8 octobre 1871, le général Saussier envoyer pendant la nuit un bataillon à une distance de 50 kilomètres, pour occuper la ligne de retraite que devait suivre la smala des Mokrani, s'enfonçant dans le sud de la province de Constantine, et ce bataillon était, dans la journée, en état de vigueur suffisant pour prendre une part sérieuse à l'action ; mais, il ne faut pas se le dissimuler, ce moyen de locomotion, s'il est un peu prolongé, fatigue les hommes qui n'ont pas l'habitude du cheval ; aussi est-il préférable de ne donner qu'un animal pour deux hommes qui, par la marche alternative, peuvent se délasser. En outre, durant le combat, il faut garder les animaux qui sont toujours un embarras.

L'infanterie montée dans les conditions dont nous venons de parler ne peut marcher qu'aux allures lentes ; si on l'adjoint à la cavalerie pour l'accompagner dans ses mouvements au lieu de la maintenir en arrière dans des positions de repli, on annihile la cavalerie dont la puissance réside dans sa mobilité ; aussi préférons-nous, dans une guerre européenne, le moyen employé par les Allemands durant la guerre de 1870-1871, pour transporter au loin et rapidement des troupes d'infanterie. Le prince Frédéric-Charles n'avait sur la rive gauche de la Loire qu'une puissante cavalerie et quelques rares bataillons d'infanterie, qu'il voulait faire paraître plus nombreux qu'ils n'étaient en réalité ; il poussait sa cavalerie dans toutes les directions ; elle vint jusqu'à Vierzon ; il la faisait appuyer par des détachements de fantassins que l'on transportait dans des voitures de réquisition ; il parvint ainsi à tromper le général Bourbaki, qui croyait avoir en face de lui une armée entière alors qu'il n'y avait que de simples détachements. Les mouvements par voiture s'effectuaient au trot ; l'infanterie pouvait ainsi, en toutes circonstances, sans être surmenée, suivre la cavalerie dans ses évolutions. Le prince Charles obtint ainsi une diminution considérable dans le nombre de conducteurs, qui furent pris dans des paysans réquisitionnés, ainsi que dans le nombre d'animaux qu'il aurait fallu pour monter les compagnies d'infanterie ; il conservait intact l'effectif de ses combattants. On peut admettre le principe de l'infanterie montée en Afrique ou dans les guerres coloniales ; mais le transport par voitures de réquisition nous paraît bien préférable dans une guerre européenne, notamment si les opérations se passent vers notre frontière de l'Est, qui est sillonnée par un réseau de routes admirable, permettant la circulation des voitures, des automobiles, ainsi que les mouvements d'unités cyclistes.

Durant la guerre de Mandchourie, le général Kouropatkine organisa les ochotnicki ; c'étaient des fantassins montés. Le cheval ne devait être pour eux qu'un moyen de locomotion ; on eût la fâcheuse idée de vouloir les transformer en cavalerie et leur confier des missions éloignées. Des compagnies d'ochotnicki, s'étant trouvées dans une circonstance et par surprise en présence des Japonais, ne furent pas instantanément en état de répondre à l'attaque ; le désordre se mit dans les rangs avant que les hommes aient eu le temps de mettre pied à terre ; il devint bien plus grand lorsque les animaux furent livrés à eux-mêmes. Cette innovation fut loin de répondre aux espérances qu'on avait fondées en elle.

L'infanterie montée ne peut guère faire plus de 5 kilomètres à l'heure : c'est une course que peut fournir une infanterie entraînée, surtout si elle est allégée ; lorsqu'elle est arrivée à destination, un tiers des hommes doit être employé à la garde des animaux, ce qui diminue d'autant le nombre de combattants ; la présence des animaux limite l'ampleur des mouvements de la troupe qui doit rester liée à eux. C'est une mesure qui doit être rejetée dans les opérations d'une grande guerre, dans les guerres en territoire européen, sauf, bien entendu, dans les opérations en pays de montagnes ou dans des contrées dépourvues de routes faciles.

C'est encore une erreur de vouloir, en principe, transformer la cavalerie en une infanterie plus rapide.

Le cavalier ne peut recevoir à la fois l'instruction qui lui est spéciale et celle du fantassin ; on ne peut arriver à en faire un habile tireur, à lui apprendre l'emploi des différents feux, lui enseigner les raffinements du combat en ordre dispersé et dans tous les cas qui peuvent se produire : la réduction de la durée du service ne le permet pas ; les deux années sont absolument indispensables pour former un cavalier. L'arme essentielle du cavalier est le cheval ; c'est dans le maniement de cette arme qu'il faut le perfectionner, comme le fantassin doit être instruit dans le maniement du fusil : l'un professe la tactique du mouvement qui lui permettra de triompher de tous les obstacles, par la menace surtout, tandis que l'autre cherche le succès dans la tactique du feu, qui doit le faire triompher en semant la mort. Laissons à chaque arme sa spécialité et sa puissance et ne mettons pas face à face, la carabine du cavalier et le fusil du fantassin.

Il y a eu cependant des circonstances dans lesquelles la cavalerie n'a pu accomplir sa mission, n'ayant pas les moyens de répondre au feu de l'infanterie.

Le 7 août 1870, le lendemain de la bataille de Frœschviller, la 4e division de cavalerie allemande, commandée par le prince Albrecht, fut envoyée dans la matinée à la recherche des débris de notre armée. Vers le soir, elle se trouva en présence d'un bataillon resté en arrière, qui était trop fatigué pour pouvoir continuer sa marche. La division ne pût répondre au feu de ce bataillon, ses hommes n'ayant pas de carabines ; la cavalerie dut rétrograder, le lendemain le contact était perdu.

Le 19 janvier 1871, dans son mouvement de retraite, le flanc gauche de notre armée du Nord était découvert ; la cavalerie allemande, sous les ordres du général von Grœben, fut envoyée pour nous attaquer de ce côté ; elle vint se heurter à un pont du canal qui était occupé par un bataillon de mobilisés ; ne possédant pas de carabines, elle ne put forcer le passage.

Des situations analogues se produiront certainement dans les guerres futures, d'où la nécessité de donner à toute notre cavalerie une arme permettant le tir à des distances suffisamment éloignées. Nos cavaliers devront recevoir l'instruction nécessaire pour qu'ils puissent l'utiliser avec efficacité.

Il est d'ailleurs bien des circonstances dans lesquelles la cavalerie opère seule ; le commandement lui donnera parfois l'ordre d'aller au loin occuper une position qu'il importe de ne pas laisser prendre par l'ennemi et qu'il faudra garder jusqu'à l'arrivée de l'infanterie amie ; parfois aussi il faudra fermer momentanément, sur le champ de bataille, des trouées qui peuvent se produire par suite d'ordres de direction erronés ou même par la forme du terrain. Il est bien des cas où le combat à pied s'imposera à la cavalerie ; ce combat ne sera pas mené comme s'il était conduit par une troupe d'infanterie ; c'est surtout un combat défensif que la cavalerie doit faire lorsqu'elle fait usage du feu, elle doit arrêter le mouvement en avant de l'ennemi et se maintenir ainsi sur le point qui lui a été assigné. La cavalerie n'a pas à pousser un mouvement offensif comme arme combattante à pied, on en a vu les conséquences durant la bataille du Cha-Ho ; encore moins, elle n'a pas à faire une poursuite, ce devoir incombe aux fractions qui n'ont pas mis pied à terre.

Le combat à pied, nous le répétons, sera dans maintes circonstances, pour la cavalerie, une nécessité ; mais cette nécessité ne sera toujours qu'un incident auquel elle n'aura recours que lorsqu'elle ne pourra remplir autrement la mission qui lui incombe et lorsqu'il n'y a pas à proximité de l'infanterie ; il ne devra se prolonger que jusqu'à l'arrivée de cette arme ; à ce moment-là, la cavalerie reprendra son rôle d'arme de mouvement. Les circonstances dans lesquelles la cavalerie aura à combattre à pied se présenteront dans l'avenir beaucoup plus souvent qu'autrefois, en raison de l'extension donnée aux champs de bataille, comme conséquence de la tactique nouvelle et de l'augmentation des effectifs, par suite de la rapidité des mouvements dans les manœuvres et enfin en raison des difficultés que la cavalerie éprouvera à se mouvoir devant le tir à longue portée de l'artillerie et de l'infanterie.

Nous devons donner aux troupes l'instruction spéciale nécessaire et aussi faire subir à la tenue et à l'armement de nos cavaliers les modifications que le combat à pied rend indispensables.

Les cavaliers doivent pouvoir mettre pied à terre, se déployer en tirailleurs, se porter en avant, faire le coup de feu, revenir parfois très vite à leur monture, qu'il faut enfourcher rapidement. Nous demandons comment pourront le faire nos cavaliers, si lourdement habillés. Que feront nos cuirassiers et nos dragons avec leurs cuirasses et leurs casques, effets aussi lourds qu'embarrassants, alors que les charges ne sont plus possibles et qu'ils savent que les cuirasses ne les garantissent plus contre les projectiles de l'infanterie ? La réponse est facile à donner : ils feront ce que prescrit le règlement autrichien pour l'exécution du combat à pied, ils laisseront les sabres et les coiffures pour se coiffer du bonnet de police, à moins qu'on ne les voit nous donner une nouvelle édition de ce que firent les grenadiers de la garde, la veille de Magenta : en présence des grands chefs de l'armée, de l'Empereur lui-même, ils jetèrent dans le Naviglio-Grande les bonnets à poil qu'on les avait forcés à emporter.

De quelle utilité peut être la latte du cuirassier qui perpétue l'erreur que les charges sont encore possibles et le revolver dont on ne comprend l'emploi que dans les corps-à-corps, et qui, d'après un règlement étranger, doit être abandonné par les gradés au moment du combat à pied et remplacé par la carabine des gardes-chevaux ? Par une pensée erronée, nous avons dans ces dernières années redonné la lance à une partie de notre cavalerie. La lance, on le conçoit, produisait un grand effet sur les hommes n'ayant en main qu'une arme à feu sans précision, et une baïonnette ; mais elle n'en produit aucune sur les balles qui viennent frapper l'homme à plus de 1.000 mètres de distance. Chaque fois que le cavalier met pied à terre, il doit la laisser et si les chevaux doivent s'éloigner de ce point, les lances sont souvent perdues ; c'est une arme gênante entre toutes, surtout dans les bois que la cavalerie gagnera souvent pour dissimuler ses mouvements. Lord Roberts, après la campagne sud-africaine, disait :

« C'est la plus gênante des armes quand l'homme a mis pied à terre, et elle est d'un grand embarras dans l'exploration. » Il exprimait l'espoir d'en voir l'armée anglaise débarrassée à tout jamais. » La guerre de Mandchourie a confirmé entièrement cette appréciation.

Avec le sabre, la lance et le revolver, la cavalerie, dans une des missions les plus délicates qui lui incombent, lorsqu'elle se trouve dans la nécessité de couvrir une retraite, n'a d'autres moyens que de revenir au système préconisé par le maréchal Soult, il y a un siècle ; elle ne peut qu'exécuter des charges successives et répétées, qui aboutissent au corps-à-corps, et aussi à sa destruction ; par le feu de la carabine, les cavaliers établis sur des points de résistance bien choisis peuvent arrêter plus facilement l'élan de la poursuite, tout en subissant des pertes bien moins graves. C'est avec raison que le nouveau règlement sur l'instruction de la cavalerie anglaise nous dit que l'arme à feu, au lieu d'être l'auxiliaire du sabre, est devenue l'arme principale et essentielle du cavalier ; c'est le sabre qui est devenu l'auxiliaire du mousqueton.

Les grandes masses de cavalerie, réunies sous un commandement unique, sont plus gênantes qu'utiles.

La guerre russo-japonaise semble nous avoir démontré que, dans l'avenir, l'emploi des masses de cavalerie, sur le champ de bataille, sera moins fréquent, moins possible, moins utile qu'autrefois. En nous servant de l'expression masses, nous voulons parler du maniement de plusieurs divisions ou d'une division au moins. Ce n'est pas vouloir dire, comme d'autres l'ont déclaré, que le rôle de la cavalerie est fini, bien loin de là ; mais bien que, comme arme combattante, la cavalerie n'aura plus besoin d'avoir un effectif aussi considérable.

Dès le début des hostilités, les deux armées n'auront pas à se rechercher ; elles seront face à face, à une journée, deux journées au plus de marche ; dans ces conditions les divisions de cavalerie ne pourront trouver entre elles un champ d'action suffisant à leur activité et à leur effectif. Si, durant la campagne, par suite de circonstances diverses, les deux armées viennent à s'éloigner l'une de l'autre, les divisions de cavalerie pourront alors avoir devant elles un terrain qui leur permettrait de grandes chevauchées utiles. Ces éventualités se présenteront rarement ; nous les avons vues cependant en 1870, après la bataille de Frœschwiller et après la reconstitution de l'armée du maréchal de Mac-Mahon au camp de Châlons ; dans ces deux circonstances, la cavalerie allemande perdit le contact et ce ne fut qu'après plusieurs jours de recherches qu'elle connut la direction suivie par l'armée vaincue.

Nous n'ignorons pas que les Allemands préconisent l'emploi de grosses masses de cavalerie durant le combat. « C'est par l'emploi de grosses masses de cavalerie qu'on créera dans les batailles les crises susceptibles de déterminer le succès. Un seul chef massera une, plusieurs divisions à l'abri, les acheminera par des voies reconnues, les déploiera au moment décisif derrière un masque et les jettera au galop allongé, aptes à parcourir 2.000 à 3.000 mètres, sur un point critique ; peut-être agira-t-il sur une aile, peut-être par les interstices du champ de bataille, en partant de l'ordre profond. »

Ce sont les idées de l'empereur Guillaume, acceptées respectueusement par le haut commandement allemand et insérées dans les règlements. Devons-nous les admettre ? C'est ce que nous allons examiner.

Avant l'invention de la poudre, la cavalerie était sur le champ de bataille l'arme prépondérante sans conteste ; elle pouvait arriver sans danger jusque sur les masses profondes d'infanterie, y jeter le trouble et taper fort, profitant du désordre que l'émotion de la charge avait produit sur des hommes qui n'avaient que la pique pour arrêter le choc. Ce fut l'époque des grands triomphes de la lance et du sabre.

Plus tard nous eûmes les armes à feu ; les premières armes se chargeaient très lentement ; elles ne partaient même pas par la pluie et le vent ; elles n'avaient ni portée, ni justesse et ne donnaient aucune force de pénétration aux projectiles. Le feu avait si peu d'importance que l'histoire nous raconte que la veille de la bataille d'Austerlitz, Napoléon, suivi d'un nombreux état-major, put, sans danger, pousser une reconnaissance jusqu'à 200 mètres des avant-postes ennemis et à 1.000 mètres de l'artillerie russe. La cavalerie avait pu conserver toute sa puissance et, durant les guerres de l'Empire, elle put renouveler, en masses, les charges héroïques qui consacrèrent sa renommée et firent sa gloire.

Les améliorations introduites depuis cette époque dans l'armement de l'artillerie et de l'infanterie ont, peu à peu, diminué l'importance de la cavalerie comme arme combattante et l'on peut même dire que les progrès de ces dernières années ont presque annihilé sa puissance.

Dans l'avenir la cavalerie pour préparer son action devra aller se concentrer très au loin derrière un masque ; il est peu probable que ce point de concentration ne soit pas divulgué par quelques indices, ou ne soit pas vu par le service de l'aérostation sur le champ de bataille, et alors l'artillerie, par son tir, pourra jeter le désordre et produire des ravages dans la masse.

Lorsque la cavalerie quittera ce point de concentration, elle devra trouver devant elle un terrain convenable pour se déployer et manœuvrer ; ses mouvements pourront être disloqués par un pont, par un bois, par un ravin, par un terrain difficile ou coupé de houblonnières comme à Morsbronn ou des champs de gaolian comme en Mandchourie. Il nous souvient que, dans une de nos dernières grandes manœuvres, une brigade de cavalerie fut attaquée par trois brigades ; le terrain détrempé présenta pour les chevaux de l'attaque des difficultés que n'avaient pas prévues les reconnaissances ; les lourds chevaux des cuirassiers ne purent avancer ; le commandant de la brigade isolée fit mettre pied à terre à la moitié de son effectif et ouvrir le feu contre les trois brigades mises, par le terrain, dans la nécessité de rebrousser chemin. Les arbitres furent unanimes à reconnaître que le parti le plus fort aurait été écrasé.

En admettant que le terrain soit des plus favorables à l'action de la cavalerie, qu'il soit dégagé de tout obstacle, sans ondulations, qu'il constitue, comme autour de Moukden, une « Beauce démesurée », il n'en sera que plus dangereux ; dans les quelques minutes qui seront nécessaires aux escadrons pour le traverser, ils seront exposés aux coups de l'artillerie qui, par batterie et par minute, peut les inonder de plus de 20.000 projectiles ; et, si quelques cavaliers ont pu franchir cet ouragan de fer et de feu, ils se trouveront alors en présence d'une infanterie dispersée, cachée, armée d'un fusil usant de la poudre sans fumée, ayant un tir rapide, un tir automatique bientôt et une rasance de trajectoire qui laissera en partie à l'arme la justesse que l'émotion du tireur, durant le combat, peut diminuer ou même faire disparaître.

La force de la cavalerie réside dans sa mobilité qui lui permet de se porter rapidement sur le point du champ de bataille où son action est nécessaire, et sa puissance est augmentée par la soudaineté de son entrée en action ; ces deux facteurs étaient réels et toujours menaçants, alors que le champ de bataille n'avait qu'une étendue de quelques kilomètres ; mais aujourd'hui nous avons vu le terrain du combat s'étendre sur un espace de 60, 80 kilomètres, plus, peut-être ; la cavalerie, si elle est massée se trouvera-t-elle toujours à proximité du point où elle peut agir efficacement ? L'inaction de la cavalerie, qui a toujours été considérée comme infamante, sera parfois forcée, quelles que soient la hardiesse du chef et la valeur des hommes ; il ne paraît pas possible de faire promener les divisions de cavalerie sur toute l'étendue du champ de bataille pour chercher l'occasion favorable d'agir, occasion qui ne se présentera pas peut-être et qui n'aurait pour conséquence que d'exténuer toute la cavalerie que l'on n'aurait plus lorsqu'elle serait utile. C'est là une des causes qui expliquent le peu de services rendus par la cavalerie russe durant la guerre en Mandchourie et qui a fait dire au colonel russe Zalieski : « Quant à l'intervention de la cavalerie par grandes masses dans le combat des autres armes, il n'y a pas d'exemple. » C'est aussi l'opinion du colonel allemand Gaedke qui, après avoir suivi toutes les opérations des armées russes, croit devoir affirmer que les constatations qu'il a faites sur le champ de bataille lui ont démontré, d'une façon irréfutable, que, dans la guerre moderne, il est absolument superflu d'avoir une cavalerie considérable. La puissante cavalerie russe n'a rien pu faire, et cela, non seulement en pays de montagne, mais même en plaine. Dans les milieux militaires allemands, ajoute-t-il, on a pensé que les régiments de cosaques envoyés en Extrême-Orient ne représentaient pas une véritable cavalerie, qui ne pouvait être comparée à la cavalerie régulière ; c'est là tout à fait une erreur ; les cosaques constituent une cavalerie parfaitement organisée et très bien préparée pour les attaques en masse ; cependant les Russes n'ont pu, avec leur cavalerie, tenir tête aux Japonais ; c'est, dit le colonel Gaedke, une preuve suffisamment forte que l'importance de la cavalerie a considérablement diminué. N'est-il pas surprenant, en effet, que dans des batailles qui ont duré plusieurs jours sans interruption, comme à Liao-Yang, sur le Cha-Ho et à Moukden, nous n'ayons pas vu la cavalerie, qui cependant n'avait pris aucune part à la lutte, intervenir contre l'infanterie exténuée ou contre l'artillerie japonaise qui semblait tirer ses derniers obus.

Il faut chercher la cause de la diminution de l'importance de la cavalerie sur le champ de bataille dans le perfectionnement de l'armement qui fait qu'aujourd'hui une artillerie qui paraît démontée ou une infanterie qui paraît usée, peuvent infliger encore à l'ennemi des pertes bien plus sérieuses que celles que leur faisaient éprouver autrefois une artillerie et une infanterie intactes. Nous sommes loin de soutenir que le rôle de la cavalerie est fini ; il se produira certainement durant les combats des circonstances qui lui permettront d'intervenir contre une infanterie qui, absorbée par une attaque d'infanterie, ne verra pas l'attaque de la cavalerie qui se prépare, contre celle qui, pour un motif quelconque, cesse ou ralentit son feu, ou qui est démoralisée ou commence à faiblir ; elle interviendra efficacement lorsqu'elle constatera « cet incroyable mélange et cette affreuse dissolution des unités tactiques » dont parle von Bogulaski qui se sont produits souvent dans l'armée allemande en 1870, au point de rendre le commandement absolument impossible et que nous verrons certainement se reproduire dans une armée comme dans l'autre.

La cavalerie pourra intervenir encore dans le combat en surveillant la marche des réserves et lorsqu'elle les verra se porter en avant, elle n'hésitera pas à s'élancer sur elles dans la formation qu'il lui sera possible de prendre, peu importe, sans compter les pertes qu'elle peut infliger, ni celles qu'elle peut faire, car à ce moment suprême, il s'agit moins de faire du mal à l'ennemi que d'augmenter la force morale de l'assaillant et jeter le trouble chez les défenseurs ; et si par son intervention elle parvient à retarder de quelques instants l'entrée en action des réserves, elle rendra un service immense, puisque ce retard, si faible soit-il, peut assurer le succès des colonnes d'assaut.

Les attaques dont nous venons de parler ne peuvent réussir que si elles sont soudaines ; le chef de la cavalerie ne peut donc attendre des ordres pour les exécuter, c'est à lui qu'il appartient de voir si le moment est opportun ; elles ne pourraient se faire si la cavalerie est réunie en masse sur quelques points d'un champ de bataille étendu, s'il faut lui envoyer l'ordre de venir, car lorsqu'elle sera à pied d'œuvre, le moment opportun sera passé. On voit par là la nécessité de répartir la cavalerie en fractions de moindre importance prêtes à agir instantanément dans le secteur qu'elles sont chargées de surveiller, et alors elles trouveront plus facilement une masse, un terrain convenable pour leur action.

Le rôle de la cavalerie après le combat n'a pas diminué d'importance ; elle cherchera à tirer profit de la victoire, harcelera l'ennemi, le forcera à s'arrêter pour repousser ses attaques ; elle donnera ainsi à l'infanterie épuisée et désunie le temps de se reposer quelques instants et de se reconstituer pour continuer la poursuite. En cas d'échec, elle se sacrifiera pour arrêter l'ennemi et permettre à l'infanterie et à l'artillerie de son parti de chercher et d'aller occuper une nouvelle position de défense.

On voit donc que le rôle de la cavalerie dans les combats n'est pas fini ; il est toujours utile, tout en étant devenu plus difficile à accomplir et plus dangereux ; cette arme aura encore de nombreux lauriers à cueillir sur les champs de bataille ; mais il ne nous paraît pas nécessaire, possible même, de la réunir en grande masse parce que cette masse trouverait difficilement un champ d'action en rapport avec son effectif et aussi, et surtout, parce qu'elle présenterait une cible trop visible et trop grande aux effets destructeurs des troupes armées du fusil actuel appuyées par des canons à tir rapide ou par des mitrailleuses.

La cavalerie n'agit pas seulement comme arme combattante ; elle est un agent protecteur des colonnes et aussi un moyen d'information. Son importance à ces points de vue est loin d'avoir diminué, tout au contraire. Si, en station, l'armée n'avait pour se protéger que de l'infanterie, cette protection ne pourrait être faite qu'à une distance rapprochée, ne la garantirait pas contre une attaque directe et inopinée, ni contre l'explosion soudaine des feux de l'artillerie ; dans tous les cas, elle n'aurait pas le temps de prendre les mesures de défense que l'attaque comporte ; si, étant en marche, l'armée ne comptait que sur les avant-gardes pour assurer sa protection, cette protection ne serait assurée que sur les chemins que suivent ces avant-gardes ; il appartient à la cavalerie de donner la sécurité nécessaire aux troupes en se portant plus au loin ; c'est le rôle de la cavalerie divisionnaire. C'est elle qui assure la protection immédiate des colonnes en couvrant les troupes d'un réseau de patrouilles chargées de fouiller tout le terrain à distance dangereuse ; elle visite les bois, les villages, tous les mouvements de terrain où l'ennemi peut se cacher et se masser, et permet ainsi aux hommes de se reposer avec calme et aux colonnes de s'avancer sans crainte d'être subitement attaquées. C'est le service le plus grave qui soit imposé à la cavalerie ; il engage non seulement la responsabilité, mais l'honneur militaire de son chef.

En outre de la sécurité qu'elle donne aux colonnes, la cavalerie divisionnaire doit assurer la liaison des unités entre elles ; une erreur dans les directions des colonnes est toujours possible ; parfois même le terrain peut produire entre les divisions et les corps d'armée des intervalles dangereux ; c'est par les renseignements que la cavalerie donnera aux commandants des troupes qu'il leur sera possible de porter remède à une situation qu'ils peuvent ne pas connaître, et qui pourrait finir par avoir des conséquences funestes.

Le service de sûreté ne comporte que des mouvements de peu d'étendue puisqu'il n'a pour but que de protéger l'armée et de tendre un rideau sur ce qu'elle fait ; c'est donc insuffisant pour assurer le succès des opérations.

La préparation du combat repose sur la connaissance du terrain, la cavalerie doit donc, dans le rayon d'action qui lui est assigné, étudier et faire connaître les couverts qui permettront aux troupes d'approcher, en essuyant le moins de pertes possibles, indiquer les positions importantes qui paraissent devoir être occupées avant l'ennemi et les difficultés que les troupes rencontreront dans leur marche. Ses indications devront permettre de faire le graphique du territoire occupé par le parti adverse, nous dire s'il est en station ou en marche, à quelle distance il est, de quel côté il s'avance et de quel côté il ne vient pas, quelle est la force et la composition de ses colonnes ; c'est par ces renseignements que l'on évitera les faux mouvements, les déploiements prématurés, les déploiements dans une fausse direction, qui occasionnent une grande perte de temps et une fatigue inutile à la troupe ; ils éviteront surtout les déploiements tardifs dont les conséquences peuvent être funestes.

Tous ces renseignements sont donnés par la cavalerie que l'on désigne sous le nom de cavalerie faisant le service de sûreté de première ligne ou service d'exploration rapproché ; le général en chef les attend avec impatience ; il a besoin de les avoir aussi précis que possible et le plus rapidement possible ; il ne peut rien faire sans eux ; il les lui faut pour arrêter soit son tableau de marche, soit son ordre de combat ; aussi faut-il que cette cavalerie reste constamment en relations avec la troupe qu'elle couvre.

Ce service impose à la cavalerie une activité bien grande, puisqu'il faut non seulement renseigner sur l'ennemi, mais l'entraver dans ses recherches, dans ses mouvements, dans son action ; aussi, alors que la cavalerie, dans le service de sûreté, doit éviter le combat, sauf pour arrêter, pendant quelques instants et sans poursuite, la marche de l'assaillant. le combat sera parfois imposé aux troupes qui font le service d'exploration même réduit : elle rencontrera des patrouilles et des reconnaissances ennemies qu'il faudra chercher à refouler pour les empêcher d'accomplir leur mission et laisser ainsi l'adversaire le plus longtemps possible dans l'indécision des mouvements qui se font ou se préparent. Dans ce but, les fractions qui font ce service d'exploration devront avoir un effectif plus fort, mais il ne faut pas exagérer cette force : on a une tendance à l'augmenter outre mesure : on fait souvent marcher un régiment là où un escadron suffirait : on fait marcher un escadron alors qu'on pourrait se contenter de quelques patrouilles : c'est ainsi, par des courses inutiles, que l'on finit par ruiner hommes et chevaux ; on semble oublier qu'aucune arme ne doit être l'objet de tant de ménagements que la cavalerie : nous trouverons dans le pays des ressources inépuisables comme fantassins et artilleurs, tandis que nos ressources en cavaliers sont très limitées ; la cavalerie n'a pas de réserves tenues en haleine et les chevaux de réquisition ne peuvent être utilisés sans un dressage spécial. On peut même affirmer que, souvent, le service des reconnaissances sera mieux fait par une troupe d'un effectif de peu d'importance que par une troupe d'un effectif considérable : la guerre de Mandchourie nous l'a prouvé, les escadrons ne peuvent dissimuler leur présence, tandis que les reconnaissances d'officiers ou de sous-officiers n'ayant avec eux qu'un petit groupe de cavaliers peuvent se glisser partout : l'artillerie ennemie d'ailleurs n'hésitera pas à ouvrir le feu sur des escadrons et ne voudra pas gaspiller ses munitions en tirant sur les cavaliers isolés ou sur de petits groupes de cavaliers dispersés. Il arrivera encore que si les régiments ou escadrons, à un moment donné de leur exploration, se trouvent en présence de forces à peu près égales, le chef de ces troupes considérera comme un point d'honneur d'engager le combat, et le combat le détournera de la mission qui lui a été confiée.

Le service de l'exploration rapprochée, en avant du front de la ligne de bataille, peut être fait avantageusement par de hardis cavaliers, pleins d'entrain et de courage, pénétrés de l'importance de leur mission et ayant la ferme volonté d'obtenir le résultat cherché ; montés sur des chevaux très vigoureux, ils doivent savoir profiter du terrain pour avancer : si leur tentative échoue sur un point, ils en cherchent un autre plus favorable, tout en évitant les agitations stériles et les fatigues inutiles ; pour aller voir ce qui se passe au loin, ils auront à traverser, sans être vus, la ligne des avant-postes ennemis et à se faufiler à travers les patrouilles ennemies, auxquelles, en cas de poursuite, ils ne pourront échapper que grâce à la vigueur et à la vitesse de leur monture. C'est là, comme il est facile de s'en rendre compte, un rôle très difficile et dangereux ; il demande à être réfléchi et combiné et c'est, non sans raison, que l'on a pu dire que la cervelle du chef d'une reconnaissance doit agir autant que les jambes de son cheval ; c'est la tête surtout qui doit travailler en consultant la carte. Ces reconnaissances ne doivent pas être livrées à elles-mêmes sans espoir d'être secourues ou tout au moins recueillies : en arrière, dans des directions et sur des points bien précisés, il y aura toujours une force de cavalerie plus ou moins considérable, prête à recevoir les reconnaissances lancées au loin ; mais cette force n'aura généralement à entrer en action que lorsqu'il faudra arrêter la poursuite de l'ennemi ou s'il devient nécessaire de chasser ses patrouilles et ses reconnaissances.

Pour assurer le service de sûreté qui interdit à l'ennemi de savoir ce qui se passe dans nos lignes, nous garantit contre une surprise, permet de relier les troupes entre elles ; pour faire de l'exploration rapprochée qui facilitera à l'infanterie et à l'artillerie son orientation sur le champ de bataille et en avant en prévenant à l'avance des mouvements et des projets de l'ennemi, la brigade de cavalerie de corps d'armée nous paraît avoir un effectif suffisant, à la condition toutefois que l'on ne tolère pas les abus que l'on relève durant toutes les campagnes. Tous les généraux, tous les colonels, tous les chefs de service sollicitent des plantons, des estafettes, des escortes ; ils ont toujours d'excellentes raisons à donner, et comme ils ne peuvent puiser dans les divisions de cavalerie indépendantes qui sont généralement loin, c'est sur la cavalerie divisionnaire que les prélèvements se font. Durant la guerre en Mandchourie le coulage a été effroyable, comme il résulte de documents officiels ; c'est sans scrupules que l'on puisait dans les régiments ; le déchet a atteint le quart et même le tiers de l'effectif ; les chefs qui utilisaient les cavaliers qu'on leur donnait en usaient sans souci de la conservation des hommes et des animaux. Le général Liniéwitch fit paraître, à la date du 31 mars, un ordre des plus précis et des plus sévères, sans pouvoir arriver à mettre fin à cet abus.

La cavalerie a une autre mission qui tient plutôt de la reconnaissance offensive que du service d'exploration ; elle ne doit pas se contenter de signaler les détachements qui couvrent l'armée ennemie ; mais elle doit les percer pour voir le gros des troupes, harceler les colonnes, ralentir leurs mouvements, les mettre constamment dans la crainte d'être attaquées, les forcer à des déploiements intempestifs pour arriver ainsi à jeter l'inquiétude dans l'esprit des chefs, à énerver la troupe, à l'user avant même de combattre. Pourra-t-elle jamais accomplir cette mission ? c'est douteux, si l'armée ennemie est bien en main et bien commandée. Parfois encore elle sera chargée d'aller occuper des positions importantes dont l'enlèvement présenterait plus tard des difficultés sérieuses si on donnait à l'ennemi le temps de les occuper ; mais ce service, comme nous venons de le dire, tient beaucoup plus des reconnaissances offensives que du service des explorations et pour pouvoir être convenablement fait, il exige un effectif plus considérable avec le concours de l'infanterie et de l'artillerie.

Si, comme viennent de le prouver les événements de la guerre russo-japonaise, il paraît difficile à une cavalerie nombreuse de trouver sur le front des armées un champ d'action suffisant à son activité, il semble qu'il n'en est pas de même sur leurs ailes. Là, les divisions de cavalerie trouveront un terrain dégagé pour effectuer de longues randonnées ; elles pourront aller au loin pour prévenir à temps si c'est l'armée de Grouchy ou celle de Blücher qui vient jeter le poids de son effectif dans la lutte ; elles nous préviendront si l'ennemi opère un mouvement pour nous couper de notre base d'opérations, ce qui permettra de prendre des mesures pour déjouer ses projets : elle n'hésitera pas alors à engager le combat pour l'immobiliser ou tout au moins pour retarder le plus possible le moment de son entrée en action. Elle se rapprochera de l'ennemi, cherchera à reconnaître ses forces et ses emplacements, ira au loin pour tomber sur ses flancs, et jeter le trouble dans ses colonnes. Son rôle sera encore de chercher à détruire les voies ferrées qui sont utiles à l'ennemi : elle prendra pour objectif les convois qui lui sont signalés et comme il ne saurait être question de s'en emparer et de les amener, elle les brûlera, coupera les jarrets des chevaux et, par tous les moyens, rendra les denrées et surtout les munitions inutilisables.

La cavalerie, dans ses mouvements, rencontrera l'ennemi. Si ce ne sont que des patrouilles ou des reconnaissances, elles les repoussera pour continuer sa mission. Bientôt elle sera en présence de la cavalerie adverse ; si elle se trouve trop faible, elle refusera le combat, elle en a les moyens précisément à cause de son effectif plus faible qui la rend plus maniable.

Si les deux cavaleries sont d'un effectif à peu près égal, le chef de la cavalerie pourra engager la lutte, non pas seulement avec la pensée unique de détruire la cavalerie, ce qui évidemment serait fort avantageux pour nos armes, mais surtout avec la volonté de pouvoir continuer son exploration ; en outre que le succès est toujours douteux, les combats de cavalerie n'ont jamais eu une influence décisive sur le sort d'une campagne. Nous ne saurions trop répéter que le combat de cavalerie contre cavalerie ne doit être qu'un incident qui permet de continuer à explorer et non le but de l'exploration, et une cavalerie qui a été repoussée mais qui fournit des renseignements sur l'ennemi rend à l'armée plus de services qu'une cavalerie victorieuse qui n'en donne pas.

Plus loin, les divisions trouveront les avant-postes de l'ennemi, leur effectif peut leur donner les moyens de les forcer ; si l'adversaire s'est retranché dans des fermes, dans des villages, dans des bois, si elles ne peuvent l'en chasser par le feu de l'artillerie dont elles disposent, elles tourneront ces obstacles, ne renouvelant pas la faute commise par la cavalerie russe dans son raid sur In-Kéou. Si les divisions parviennent à surmonter tous ces obstacles, elles arriveront sur le gros des troupes ennemies ou tout au moins sur les flancs-gardes qui le couvrent ; elles examineront et étudieront tout en évitant d'engager le combat ; cette infanterie n'est pas usée, elle est intacte, terrée, pourvue de munitions, installée sur une position qui lui permet de battre tout le terrain en avant ; l'attaquer, ce serait vouloir se faire détruire.

Comme il est facile de s'en rendre compte, ce service d'exploration, qui peut être porté au loin, exige un effectif bien plus considérable que celui qui peut être fait en avant du front des armées ; à cette distance, la cavalerie ne peut être abandonnée à elle-même, des soutiens lui sont indispensables.

Pour rendre plus efficace l'action de la cavalerie dans son exploration à grande distance toutes les puissances ont reconnu la nécessité de doter la cavalerie chargée de ce service d'une artillerie extrêmement mobile susceptible de l'accompagner dans toutes ses évolutions. Cette artillerie, par son action violente, détruira les obstacles qui pourraient arrêter la marche de l'exploration ; elle prendra ensuite pour objectif la cavalerie ennemie. Lorsque cette cavalerie se sera retirée ou que le feu des pièces ne peut plus l'atteindre, elle s'adressera alors à l'artillerie adverse pour que celle-ci à son tour n'arrête pas le mouvement en avant des escadrons. Si l'exploration échoue et se trouve dans la nécessité de reculer, l'artillerie qui l'accompagne tirera alors à outrance sur les troupes poursuivantes qu'il faut arrêter ou tout au moins ralentir dans leur mouvement pour donner le temps à la cavalerie de se rallier sous sa protection, pour reprendre l'exploration ou la possibilité d'aller se reformer au loin.

On a songé aussi à donner, comme soutien, à la cavalerie, l'appui d'une infanterie légèrement équipée ; mais cette infanterie, quelle que soit son endurance, ne pourrait suivre la cavalerie dans ses longues chevauchées ; elle arrêterait sa marche, serait un frein qui ralentirait son mouvement alors que, pour réussir, dans l'exploration, il faut faire vite ; de plus, si on pousse l'infanterie trop en avant, il est dans la nature de cette arme d'avoir une tendance à engager le combat, ce qui détournerait la cavalerie de sa mission. L'infanterie doit plutôt être un point de liaison entre la cavalerie lancée au loin et le gros de l'armée ; elle prend position en arrière, occupe les villages ou groupes de maisons, les défilés, les ponts, les positions tactiques, qu'elle met en état de défense, et là attend pour servir de point de ralliement à la cavalerie qui serait mise dans l'obligation de battre en retraite et lui donner les moyens, sous sa protection, de se reconstituer, en arrêtant la poursuite de la cavalerie adverse.

Pour remplacer l'infanterie qui ne pouvait suivre la cavalerie d'exploration dans tous ses mouvements, dans quelques armées on a donné à la cavalerie des *mitrailleuses* qui, suivant une expression qui se justifie, constituent « une infanterie condensée et montée ». Il semble inutile de chercher à démontrer que les mitrailleuses ne peuvent remplacer l'infanterie. La force de l'infanterie ne réside pas seulement dans le feu, mais encore dans le mouvement : c'est ce que le règlement nous dit très judicieusement : « La marche plus que le feu doit conduire au dénouement. »

Ce mouvement, les mitrailleuses ne l'ont que lorsque la cavalerie le possède ; aussi dans la plupart des cas leur action se bornera à lui donner le feu qui lui est nécessaire pour accomplir sa mission ; elles constituent des points d'appui, lui fournissent la force de résistance qui lui manque, et qu'elle ne peut se procurer qu'en mettant des cavaliers à pied, ce qui diminue le nombre de ses sabres, et, par suite, sa force offensive.

Presque toutes les puissances ont mis les mitrailleuses en essai. Aux dernières grandes manœuvres allemandes, chaque division de cavalerie, en outre de ses batteries à cheval, était pourvue d'un et même de deux détachements de ces engins d'un modèle plus ou moins différent, mais tendant au même but. Des essais analogues se font dans toutes les armées.

Au début de la guerre russo-japonaise, les régiments de cavalerie de l'armée russe n'avaient pas de mitrailleuses ; le colonel Khan-Nakhitchevansky, commandant le 1er régiment de Daghestan de la brigade du Caucase, en acheta deux à ses frais ; elles furent utilisées pour la première fois à la bataille de Liao-Yang : il fut bientôt imité par le colonel du régiment Cerck-Korban, du 2e régiment de la même brigade, qui en avait apprécié les effets. Les deux rapports de ces chefs de corps constatent qu'elles furent particulièrement utiles dans les reconnaissances opérées en pays de montagne et que, dans aucune circonstance, elles ne furent l'objet d'une gêne. A la suite de ces rapports, le gouvernement russe décida la création de onze sections de mitrailleuses que l'armistice ne donna pas le temps d'envoyer en Mandchourie.

Les officiers qui les ont vues en usage signalent cependant deux écueils que la cavalerie devra éviter. Trop souvent, on est porté à considérer une batterie de mitrailleuses comme une batterie de canons et on veut alors les employer à une distance où leur effet utile est nul : c'est vouloir les faire détruire. Le second écueil réside dans la tendance qu'a la cavalerie à vouloir manœuvrer à proximité de ses mitrailleuses, ce qui amoindrit sa qualité essentielle : la mobilité.

Comme il est facile de s'en rendre compte, les canons, comme les mitrailleuses, sont un puissant appui donné à la cavalerie pour assurer le service d'exploration ; ils augmentent les qualités défensives et offensives de cette arme.

Après avoir résumé le service de l'exploration, nous arrivons à nous demander si, pour l'exécuter, même sur une grande échelle, il est indispensable de lui donner un effectif si considérable qu'il comporte plusieurs divisions.

Une telle masse de cavalerie trouvera-t-elle facilement un terrain lui permettant aisément de manœuvrer? Ne sera-t-elle pas exposée aux coups d'une artillerie en position. dont elle n'a pu prévoir l'emplacement malgré ses patrouilles et ses reconnaissances?

N'y a-t-il pas à craindre que le chef de cette cavalerie, pensant à une attaque possible, ne cherche à l'avoir massée entre ses mains, au détriment du service d'exploration qui doit se faire en avant du front de l'armée? En admettant même qu'il donne au service d'exploration sur le front tout le développement nécessaire, le commandant en chef de la cavalerie n'aura-t-il pas une tendance à attendre que les renseignements lui arrivent de tous les points de la ligne de bataille pour les condenser, les comparer, les vérifier les uns par les autres, et comme résultat, ils arriveront tardivement au général en chef, à l'autorité qui est la plus intéressée à les avoir rapidement, à la seule qui peut en contrôler la véracité par les dires des déserteurs, des espions ou les missions diplomatiques. Les renseignements qu'il serait utile d'avoir au quartier général dans la soirée ne parviendront qu'à une heure avancée de la nuit et, comme conséquence, il en résultera de l'indécision ou des ordres et contre-ordres qui épuisent les troupes. Nous n'ignorons pas que le règlement a prévu le cas où le moindre retard dans l'arrivée des renseignements peut entraîner des conséquences graves, et qu'il prescrit que le chef de la reconnaissance doit aviser directement le haut commandement par le chemin le plus rapide ; mais il lui impose, en même temps, l'obligation d'établir son rapport en double expédition, sans compter celle qu'il doit conserver : c'est, il nous semble, beaucoup dans un moment où l'officier vient d'être soumis à une épreuve souvent extrêmement dure.

Cette masse de cavalerie, il faudra la faire vivre ; elle opérera dans une contrée ruinée par les armées qui auront enlevé ou brûlé tout ce qui sera de première nécessité pour la nourriture des animaux. Que l'on se souvienne des lamentations de Murat, ne pouvant assurer l'alimentation du grand corps de cavalerie dont il avait le commandement et finalement obligé de le disloquer. Nous savons qu'il est facile d'assurer la nourriture des animaux de plusieurs divisions durant les manœuvres du temps de paix ; mais en sera-t-il de même en campagne ? C'est douteux. Le haut commandement se verra, par des nécessités de ravitaillement, dans l'obligation de lier les mouvements des troupes aux voies ferrées et l'exploration alors perdra la plus grande partie de sa valeur.

Comme on en reconnut la nécessité à la fin des guerres du premier Empire, avec plus de raison même nous pensons que l'effectif des grands corps de cavalerie peut être diminué au bénéfice de la cavalerie des armées et des corps d'armée. Les partisans de la concentration des masses de cavalerie dans une seule main trouvent qui si on répartit la cavalerie dite indépendante entre les armées et les corps d'armée, chacun des chefs de ces unités emploiera les forces qui lui sont données dans son intérêt particulier et non en vue de l'intérêt général ; mais, dans l'espèce, l'intérêt des armées et des corps d'armée n'est-il pas le même que celui du groupe d'armées ? Tout au contraire dans cette division du service d'exploration, nous trouvons l'avantage de voir l'exploration s'étendre forcément sur un front plus large et se faire d'une manière plus régulière ; nous voyons aussi les renseignements arriver beaucoup plus vite à l'état-major général de l'armée. D'ailleurs, l'exploration à grande distance n'est pas laissée aux convenances des commandants de corps d'armée : c'est un service fixé par le haut commandement, qui conserve la faculté de réunir une masse de cavalerie s'il en reconnaît la nécessité.

Un facteur nouveau nous paraît devoir rendre moins utile la mise en mouvement des masses de cavalerie allant au loin en exploration.

Les expériences récemment faites avec les ballons dirigeables ne sont-elles pas appelées à faciliter ce service ? Durant le mois de novembre dernier, nous avons vu le *Lebaudy* sortir du parc aérostatique de Toul, se diriger vers le fort de Fondreville, explorer la forêt de Haye, pour voguer ensuite vers Nancy, virer exactement de bord à un point primitivement désigné, au-dessus de la caserne Blandan, pour revenir directement atterrir au point de départ. Les expériences ultérieures faites par le même aérostat ont démontré la possibilité de voir très distinctement les mouvements des troupes en marche et ont permis de reproduire à l'aide d'appareils de téléphotographie les forts et les positions occupées.

Les Allemands, dans les dernières grandes manœuvres, ont tiré profit des aérostats comme moyen d'information et d'exploration, ils se félicitent des résultats obtenus. Des officiers suivaient dans des ballons les mouvements des troupes, les signalaient téléphoniquement à un poste télégraphique fixe mis en relation avec divers points du champ de bataille par la téléphonie ou la télégraphie sans fil, et de là les renseignements étaient portés par des cavaliers ou des cyclistes aux autorités qui avaient intérêt à les connaître.

Au fur et à mesure que la science aérostatique reposera sur des bases de mieux en mieux définies les aérostats rendront des services de plus en plus importants à l'armée ; ils ne pourront certainement pas remplacer la cavalerie dans le service de sûreté, dans le service d'exploration à courte distance ; ils ne pourront donner aucun renseignement sur le terrain, car du point où ils planent le terrain paraît toujours facile ; mais ils permettront, dans une certaine mesure, de remplacer les divisions de cavalerie exécutant l'exploration à grande envergure.

Les Allemands, avons-nous dit, espèrent, avec des

masses de cavalerie, pouvoir créer dans les batailles des crises susceptibles de déterminer le succès ; il est douteux qu'ils conservent la même opinion après les enseignements de la guerre russo-japonaise : s'il en était autrement, ne les imitons pas ; nous nous exposerions à faire détruire notre cavalerie sans avoir les moyens de la remplacer. Ce serait nous priver d'un élément précieux pour la suite des opérations.

CONCLUSION

La guerre russo-japonaise comporte de nombreux enseignements dont nous devons faire notre profit.

Nous avons donné la preuve que la cavalerie russe, malgré son énorme effectif, n'avait rendu, sur le champ de bataille, que des services de très peu de valeur, presque nuls ; cependant cette cavalerie était formée d'hommes rompus, dès leur naissance, au maniement du cheval ; elle était composée, en grande majorité, de cosaques dont la bravoure et l'intrépidité étaient légendaires et ces hardis cavaliers avaient à leur tête des Michtchenko, des Rennenkampf, des Grékow qui, en maintes circonstances, ont donné des preuves de leur valeur, de leur intelligence et de leur fougue cavalière.

La cause de l'inaction de cette cavalerie sur le champ de bataille, il ne faut pas la chercher ailleurs que dans le perfectionnement de l'armement qui lui a interdit de tenter ce que son tempérament la poussait à faire autrefois. Nous n'irons pas jusqu'à dire que cette intervention ne se produira plus dans l'avenir, ce serait soutenir une hérésie que de prétendre qu'un chef de cavalerie pourra se désintéresser de la lutte, loin de là ; comme autrefois il devra suivre les péripéties du combat, guetter une occasion d'agir soit contre l'infanterie, soit contre l'artillerie ; mais cette intervention est devenue plus difficile et sera plus rare ; elle ne comportera plus la mise en mouvement de fortes unités compactes ; elle se fera comme elle pourra, dans la formation qu'il sera possible à la troupe de prendre suivant le terrain : elle n'aura d'ailleurs jamais qu'une importance secondaire, importance qui tend à diminuer de jour en jour.

La victoire ou la défaite, dans le combat moderne, ne sera plus que la résultante du choc de l'infanterie et de l'artillerie ; la cavalerie se bornera à faciliter la mise en action de ces deux forces ; elle coopérera au succès en donnant à l'armée la sécurité qui lui est nécessaire et les informations qui lui sont indispensables. Voilà son rôle essentiel ; tout ce qu'elle pourra faire en dehors n'aura qu'une importance relative. Sans la cavalerie, les troupes ne pourraient se reposer et réparer les forces perdues ; elles seraient dans l'obligation d'avoir continuellement un service de sûreté très chargé qui les affaiblirait rapidement ; le plus léger incident serait pour elles une cause d'alerte, de panique même ; en marche ou dans les manœuvres, elles s'avanceraient sans confiance et sans avoir la liberté de leurs mouvements ; à tout moment elles craindraient soit une embuscade, soit une attaque soudaine. Ces dangers plus ou moins réels, ces craintes qui paralysent les conceptions du chef, il appartient à la cavalerie de les faire disparaître ; c'est là un rôle des plus utiles, qui l'honore lorsqu'il est judicieusement fait ; ils est des plus délicats et des plus difficiles : aussi convient-il d'y préparer avec soin nos soldats et nos officiers, en dégageant l'instruction de tout ce qui est inutile, de tout ce qui est représentatif.

Le nouveau règlement concernant la cavalerie anglaise nous dit que l'homme, même parfaitement instruit, ne peut être un cavalier accompli si, à ses connaissances techniques, il ne réunit le courage, le bon sens et la ruse ; certainement, nous trouverons bon nombre de jeunes Français qui, à ces dernières qualités, joindront la hardiesse et l'initiative ; mais le service réduit exige que l'on prenne des mesures particulières pour donner à l'armée des cavaliers en état de bien remplir, au point de vue technique, leur rôle dans le service des reconnaissances et de l'exploration ; il nous faut des cavaliers ayant appris à lire la carte, sachant s'orienter dans tous les terrains et utiliser les mouvements du sol pour se faufiler partout ; des hommes ne connaissant pas la fatigue que l'exercice prolongé du cheval entraîne, pouvant rendre un compte exact de ce qu'ils ont vu ou appris et aussi aptes à sabrer vigoureusement qu'à utiliser leur arme à feu.

A ces cavaliers, il faut des chefs ayant de l'entrain, de l'ardeur, de l'initiative, du coup d'œil ; ces chefs auront à profiter, avec à-propos, de situations que le haut commandement ne peut soupçonner et pour lesquelles il ne peut donner à l'avance des ordres ; à eux de saisir ces occasions et de coopérer ainsi à l'action générale ; à eux il appartient de ne pas laisser passer le moment favorable d'agir, car il pourrait ne plus se présenter.

Les dernières guerres nous ont prouvé d'une manière irréfutable que le choc a perdu sa puissance et son efficacité ; la formule de la masse multipliée par la vitesse n'est pas exacte : aujourd'hui, la vitesse nous suffit. Pour l'obtenir, il faut alléger le cavalier et le cheval, ce qui nous entraîne à demander la diminution, sinon la suppression de la grosse cavalerie. Cette cavalerie ne peut agir que par la masse : or, nous avons vu combien l'emploi des masses est devenu difficile avec les armes nouvelles.

Au risque d'être vilipendé, nous n'hésitons pas à dire que nous avons augmenté outre mesure notre cavalerie. Par esprit d'imitation, nous avons voulu avoir une cavalerie presque aussi nombreuse que la cavalerie des Allemands, sans nous demander si elle était utile à nos besoins : une cavalerie nombreuse est indispensable à nos adversaires d'au delà des Vosges, qui ont à satisfaire aux exigences de leurs armées de l'Est, de l'Ouest et peut-être un jour de leur frontière Sud ; tandis que les masses de la cavalerie française ne pourront être utilisées que sur une seule de nos frontières.

La transformation et la diminution de notre cavalerie nous permettraient d'augmenter notre artillerie de campagne dont l'importance croissante s'est si nettement affirmée dans la guerre russo-japonaise et qui, dans l'avenir, augmentera encore avec les armées moins bien préparées, que nous donnera le service réduit.

Paris et Limoges. — Imprimerie Henri CHARLES-LAVAUZELLE.

www.ingramcontent.com/pod-product-compliance
Ingram Content Group UK Ltd.
Pitfield, Milton Keynes, MK11 3LW, UK
UKHW021601260726
13993UKWH00002B/985

9 782329 286846